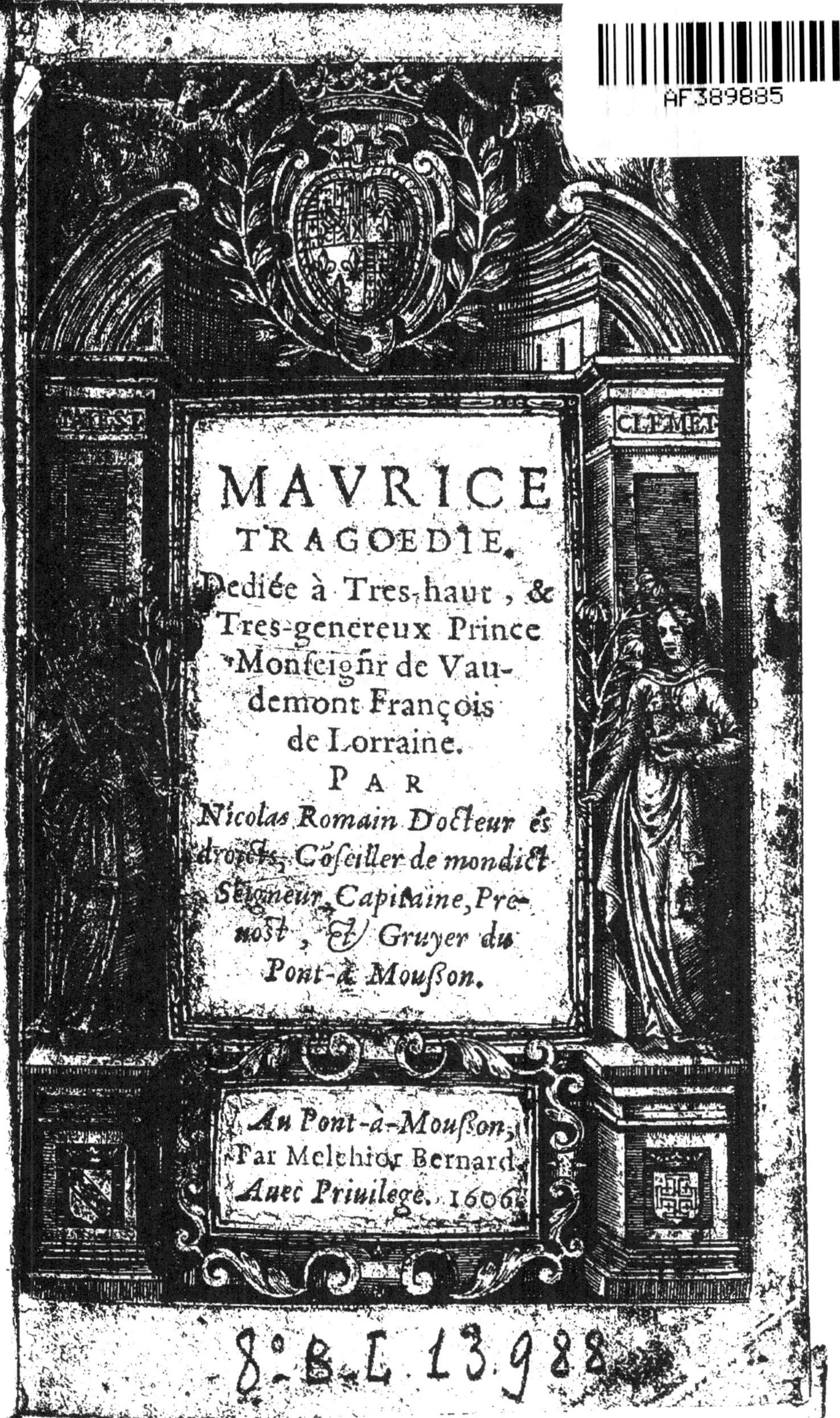

MAVRICE
TRAGOEDIE.
Dediée à Tres-haut, &
Tres-genereux Prince
Monseignr de Vau-
demont François
de Lorraine.
PAR
Nicolas Romain Docteur és
droicts, Coseiller de mondict
Seigneur, Capitaine, Pre-
uost, & Gruyer du
Pont-à-Mousson.

Au Pont-à-Mousson,
Par Melchior Bernard
Auec Priuilege. 1606.

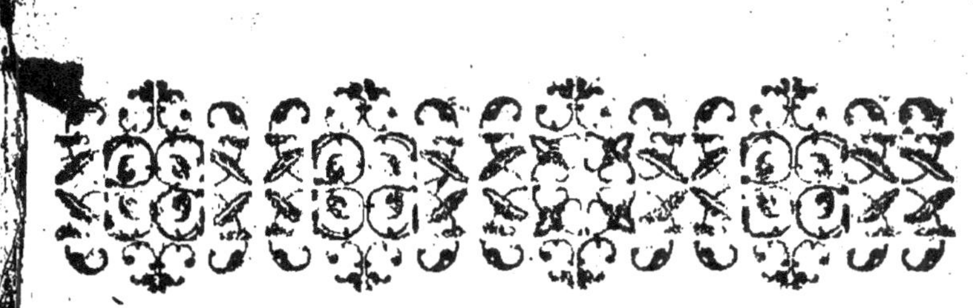

A TRES ILLVSTRE

ET TRES-GENEREVX

Prince Monseigneur de
Vaudemont.

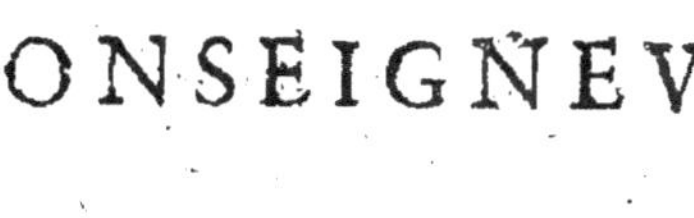

MONSEIGNEVR,

Ce deplorable Prince mau-
rice, que i'ay rappellé du
tombeau pour luy faire veoir le iour,
s'en va d'vn pied tréblant la face abbaif-
fée, & l'œil tout fraichemēt moüillé de
ses pleurs, vous raconter la cruauté trop
inhumaine de Phocas, ou pluftoft l'infta-
ble changement de noftre vie humaine,
& à qui s'addreſſeroit-il mieux qu'à vous
qui amaſſé dãs voftre ame vn threfor des
plus faïnctes affections que le Ciel ayé
point de referue en fon facré cabinet,
foit pour porter cõpaffion aux defaftres

A ij

infortunez qui tombent iournellemēt
sur les plus nobles familles, soit pour
hautement mediter combien nous sommes miserables tant grāds que petits tā-
dis que nous cheminons sur ce globe in
constāt de la terre. Et à qui l'enuoyrois-
ie mieux qu'à vous, a qui, apres Dieu, &
son ALTESSE (duquel vous estes la natu-
relle image) i'ay voué mes plus synceres
desirs, & tout le meilleur du seruice que
ie pourrois faire en ce mōde, & qui auss
pour recompence me faictes l'honneu
de me regarder de l'œil duquel vous sou-
lez veoir les seruiteurs qui vo⁹ aggreent
face la diuine Maiesté que mō esprit bā-
dé à des plus hautes conceptions puiss
attaindre du bout de sa plume heureusement le los de vos merites, & que vous
non pas cōme Scipion enterré tout prō-
che du Poëte Ennius qui auoit esté le
chantre de ses victoires : mais deterré d
tombeau de l'oubly, soyez mis pour iamais sur l'autel d'vnē memoire immortelle. Ie n'en laisseré passer pas vne qu'au
frontispice ie n'y marque vostre gloire

& l'honneur de vos vertus, & quoy que
ie sçache que ces petits reiettons de mõ
esprit infertil ne soit bons ny dignes
d'estre replãtés, au beau iardin ou vostre
graue & Princiere Maiesté se pourmeine, toutesfois vostre Cleméce, & Beni-
gnité qui en est la iardiniere les arrou-
sant d'vne douce liqueur, comme elle à
des-ia faict aux premieres fleurs qu'ils
ont produits, les fera croistre dauantage,
& les Messeigneurs ieunes Princes &
Princesses vos chers enfans en desirerõt
peut estre auoir de la seméce : ce qui sera
cause qu'ils ne serõt foulez aux pieds n'y
arrachez violemment des ongles mordantes & enuieuses des mal-veuillans, &
que ie prieray Dieu à iamais

MONSEIGNEVR,

Qu'il conserue vous, & vostre illustre di-
gnée en santé, prosperité, & en ses sain-
ctes graces, par

Vostre tres-humble, & tres-obeyssant
seruiteur N. ROMAIN.

A iiij

AV LECTEVR
SALVT.

AMy Lectéur si iamais la renommée du R. P. Pierre Mousson de la Cópagnie de IESVS, a arriué à tes oreilles, tu as ouy parler d'vn des doctes personnages de nostre temps, tant en ce qui est de l'eloquence, que de la Poësie, il à quelques-fois sur le Theatre Latin de nostre Vniuersité du Pont à Mousson faict marcher plusieurs belles Histoires Tragiques dont l'vne fust ce desastre de Maurice l'Empereur que i'ay tousiours grandement prisé pour estre vn subiect fort lamentable, Et pris d'vne Histoire Ecclesiastique, i'ay tasché en quelque endroict de suiure ses traces, Et insister sur ses brisées Latines, tu prendras en gré s'il te plaist ma bonne volóté, Et si ie ne les ay si bien suiuies tu en reietteras benignement la faute tant sur la debilité de mon petit esprit, que sur le temps qui m'est retranché à cause du seruice ordinaire que ie dois à son ALTESSE Monseigneur Et maistre, en l'exercice de ma charge. Adieu.

***
* ***

EXTRAICT DV
PRIVILEGE.

AR grace & Priuilege de son ALTESSE,
il est permis à Melchior Bernard Im-
primeur iuré en son Vniuersité du Pôt
à Mousson, d'imprimer ou faire imprimer, vendre & distribuer la *Tragedie de Maurice
l'Empereur*, composée par *Nicolas Romain* (en suite
du transport qu'il luy en à faict, ayant sadicte
ALTESSE donné pouuoir audict *Romain* de la
faire Imprimer par qui bon luy sembleroit) auec
deffence à tous autres Imprimeurs de l'imprimer dans le terme de dix ans, à conter du iour
qu'elle sera acheuée d'imprimer, sur peine d'a-
meade arbitraire, & de confiscation desdicts
exemplaires, ainsi qu'il est porté plus au long au
Decret de son ALTESSE. Donné à Nancy le
20. iour du mois de Feurier. 1606.

Ainsi signé CHARLES.
Et pour Secretaire

MAIMBOVRG.

A iiij

CLARISSIMO VIRO

Domino N. Romano I. V. Doctori, ac Prætori
Pontimuſſano vigilantiſſimo compatriotæ ſuo
C. Chriſtophorinus I. V. Doctor, ac in
inclyta Academia Pontimuſſana
iuris Profeſſor ordinarius,
hoc Anagramma
dicabat.

NICOLAVS ROMANVS.

ANAGRAMMA.

MVSIS NON VI CLAROS.

Vm tua Mauricij fatum lugubre ruentis
Principibus ſacro pectore Muſa refert,
MVSA ſocer NON VI fit CLAROS, hoc Anagrâma
Nominis arcanum hinc noueris eſſe tui.

AV MESME.

E Cygne contrefaict vne fois la Syrene,
En chantant ſur ſa fin vn chant armonieux:
Celuy que tu nourris au ruiſſeau d'Hippocrene
Faict ouyr en tout temps ton chant melodieux.

A LVY MESME.

Quatrain de Monsieur Brunesaux Abbé de Rangeual.

Ar toy Maurice meurt, perdant toute sa gloire
Sa femme, ses enfans, son Empire Romain,
Par Maurice mourant, tu vis docte Romain,
Ton nom marbre-graué au temple de memoire.

A LVY MESME.

Nacreon disoit que sa lyre dorée
   Ne pouuoit rien sonner qui ne sente l'amour,
   Et que si le Dieu Mars se trouuoit à l'entour,
   Il estoit repoussé des mains de Cytherée,
Mais ta Muse tousiours porte la renommiée
   Du Prince Vaudemont sur l'estoilé seiour,
   Ou soit quand tu fais veoir à Maurice le iour,
   Ou quand tu nous monstrois la Bergere Salmée
Puisse braue ROMAIN, puisse iamais le Ciel
   Dans ta bouche confire vne ruche de miel,
   Et ce Tige Lorrain ton merite guerdonne
Puisse tu tellement le chanter que tes dois
   Soient prisez comme ceux du Cygne Vandomois,
   A qui le Ciel donna des Muses la couronne.

François Terrel.

A v

SONNET

DE MONSIEVR ESTIENNE,
Subſtitut de Monſieur le Procureur General de
Barois, en la ville & Marquiſat du
Pont-à Mouſſon.

A MONSIEVR ROMAIN
Docteur és droicts, Cõſeiller de Monſeigneur
de Vaudemont, Capitaine, Preuoſt, & Gruyer
dudict Pont.

Dieu-Moſellan qui faictes par neuf portes
Soubs noſtre Pont couler voſtre ruiſſeau,
Puis en lechant au pied noſtre Chaſteau
Lachez vos flots ou le flux les emportes,
Monſtrez le front, monſtrez le d'autre ſorte.
De voſtre corne éſleuez le plus beau
Ne le cachez au derrier d'vn roſeau
Regardez l'heur que le Ciel vous apporte,
Doreſnauant voſtre ſuperbe nom,
Des filz Tethis augmentra le renom,
Vous les paſſez en grandeur ce me ſemble
Le Tybre vante vn Poëte Romain,
Pour vn François le Loir hauſſe la main
Le voſtre l'eſt, & Romain tout enſemble.

SONNET

De Monsieur Mauljean Licentié és Loix, Aduocat au Pont.

Omain, & le Printemps sont presque d'vne sorte,
L'vn esmaille les prez de cent mille couleurs,
L'autre, resuscitant des Muses les honneurs
En façône vn bouquet d'ou Musc & ambre sorte,
Celuy la, l'incarnat des roses nous apporte,
Cestuy cy, espanchant le sang d'vn Empereur
En faict soudainement naistre vne rouge fleur
Qui la mesme beauté dessus ses fueilles porte.
L'vn embelist Ceres, & l'autre le renom
D'vn des Princes Lorrain Fraçois de Vaudemõt,
Mais ils sont differens seulement d'vne chose,
Le Printemps par l'Hywer est de fleurs despoüillé,
Et dedans peu de temps son honneur est soüillé:
Mais cestuy ne crainct nulle metamorphose.

ODE
De Monsieur Noirel Chanoine
de l'Eglise Cathedrale
de Toul.

Vand Romain d'vn docte artifice,
Et d'vn vers coulant de sa main
Espanche le sang de Maurice
Pense tu qu'il soit inhumain ?

Et quand d'vne veine plus douce
Il faict distiler les liqueurs
D'vne belle argentée course
D'vn œil tout moüillé de douleurs.

Il n'a pour cela la poitrine,
Ny le cœur de desdain frappé,
Ce n'est pas vn mal qui le mine
D'vn malheur qui l'aye attrappé.

Mais de ce sang il en compose,
Comme dans vn iardin fleuris
Le bel incarnat d'vne rose,
Et des pleurs il en faict des lys.

AV SIEVR ROMAIN
sur sa Tragœdie de Maurice l'Empereur.

Vi voudra voir le cours de l'humaine incôstance,
Ses demarches, ses sauts, ses perilleux faux-bons,
Comment elle nous faict sans cesse vagabons
Volter au mouuement de sa triste cadance.

Qui voudra d'vn estat bien voir la decadence,
D'vn Diademe cheut les flestrissans fleurons,
Vn chetif Empereur apres ses enfançons
Meurtry cruellement d'vne iuste vengeance.

Qu'il regarde, ROMAIN, ce Tragique tableau,
Ou tu as mignardé d'vn poëtique pinceau
Les traicts plus delicats d'vne toile historique,

Ou d'vn art plus exquis par ta naïfueté
Comme autrefois tu fis tu as representé
MAVRICE bon acteur, meilleur poëte Tragique.

G. Durand, Maistre és Arts.

A MONDICT SIEVR ROMAIN.

Sonnet.

Our auoir à long traicts sauouré les douceurs,
Dont goustterent iadis Sophocle, & Euripide,
Par ce rond spacieux ton beau renom se guide,
Buriné sur l'autel des pimpleides sœurs.

Tes doux vers animez de diuines fureurs,
Semblent quand il te plaist quelque fleuue rapide,
Puis confits dans le miel du doux Aganipide,
Charment par leur doux air les ames, & les cœurs.

Quand en habit François par vn docte artifice
Tu nous veux faire voir ton Empereur Maurice,
Tantost tout comblé d'heur, tantost plein de soucy.

Tu n'egalles les Grecs, ny les Latins ensemble,
Mais plustost (mon ROMAIN) à tout chacun il semble
Que tu les passes tous, & les François aussy.

N. Chrestien les Croix Norm. Argenteñ.

EIDEM.

A. MATHIS I.V. LICENTIATVS
in suprema Sammielensi curia causarum
patronus, necnon Illustriss. Cardinalis
à Lotharingia.à Secretis.

EPIGRAMMA.

Solio, Princeps, te Sors insida potenti
    Traxerat, & nigris merserat in tenebris,
Sed noster tibi purpureos ROMANVS honores
    Reddet, & illustris, regia sceptra, manus.
Myrto cinget Amor Venerem, Phœbus tibi Lauro
    Velabit doctas, docte Poëta, comas.

MVSARVM AD EVNDEM
ANAGRAMMA.
NICOLAVS ROMANVS.
NOS LAVRVS IN COMA.

Ostrâ sudauit multùm Romanus in arte,
    Nos in Romanâ Laurus amica Comâ.
        Henricus Hennezon.

AD EVNDEM EPIGRAMMA.

Narcissus roseum genuit de sanguine florem,
    Ex illo qui nunc nomine nomen habet.
At tu è Mauritij genuisti sanguine florem
    Ex illo qui nunc nomine nomen habet.
        Franciscus l'Abbé.

EIDEM DOMINO
ROMANO.

Tricolon Tetrastrophon.

Vod Phœbus inter flammeus aureos
  Extat Planetas, quod glomerabilis
    Inter micantes Luna Stellas,
      Cornua dùm radiata spargit.
Quod Cygnus inter lacteus infimas
  Extat volucres, Cynnama Celtica
    Quod inter abiectas Cupressos,
      Aut lapides rutilans Pyropus:
Id inter almos (dicite posteri,)
  Iste est Poëtas, tollet ad arduum
    (Præ cæteris) vultus decoros,
      Æthera, nubiferúmque Pindum.

Eidem Ἀντίθετον.

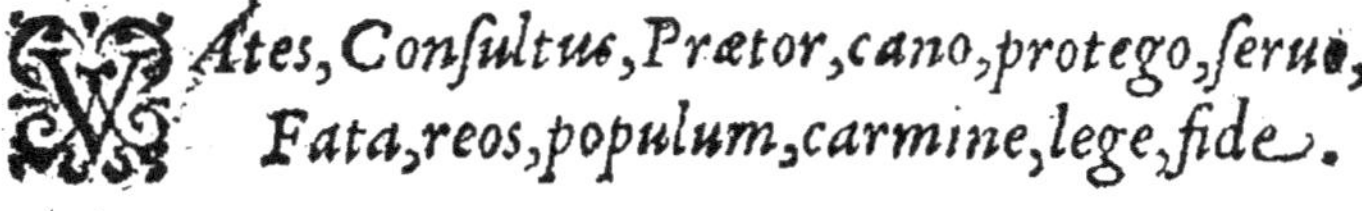

Ates, Consultus, Prætor, cano, protego, seruo,
  Fata, reos, populum, carmine, lege, fide.

Theobaldus Copinellus,
Argonensis, Erranus.

D. ROMANO I. V. D.

Tragicam Mauricij Imperatoris
sortem deploranti.

HENDECASYLLABI.

Vis tantus tragicâ Poëta lauro?
Quos primo pede presserit recessus
Musa dicite, quem ducem secutus
Ausus lauriferas adire syluas.
Hic tantus tragicâ Poëta lauro,
A primis Helicona adiuit annis,
Et plenos latices bibit Sororum,
Huic Phœbus, calamos, loquáxque plectrum,
Et Thyrsos, hederas, chelymque dulcem
Permittens, Cane, regias cothurno
Posthàc conde graui Poëta clades,
Scruteris (licet) intimos recessus
Pindi, te stupeant sacræ Camœnæ,
Sis clarus tragicâ Poëta lauro.

Henricus du Iar, Barroducæus.

ARGVMENT . DE LA
Tragœdie de Maurice
l'Empereur.

MAVRICE, *succeſſeur de Tybere ſecõd à l'Empire Romain, fut tellemẽt chery d'iceluy, qu'il le fit premieremẽt Gouuerneur du Leuãt, pour ſes rares vertus, & quelque tẽps apres Empereur, luy donnant pour gage de ſon amitié, & ſa couronne, & ſa fille Conſtantine en mariage, auec laquelle apres la mort de Tybere il veſcut en bonne paix , & noſtre Dieu proſperant auſsi leur Mariage, le fit Pere de ſept beaux Princes, & de trois Princeſſes leurs fils, & filles, tellemẽt qu'il ne ſembloit rien reſter pour le comble de ſa*

Argument de la Tragœdie

felicité : Mais comme le malheur talonne touſiours de prez le bon-heur pour ſe gliſ-ſer en ſon lieu, arriua que Maurice ayant guerre contre Cagane Prince, & Capi-taine des Abares (gens Barbares, & fe-lons : mais merueilleuſement vaillans aux armes) il obtint au commencement quel-que victoire ſur eux : mais du depuis il eut du pire, & Cagane enflé de la victoire ſ'approchant de Conſtãtinople, interpella Maurice de rachepter les priſõniers Chre-ſtiens qu'il detenoit captifs au prix de deux eſcus par teſte, ce que l'Empereur re-fuſa, & qui fut cauſe que le Tyran Caga-ne les fit tous paſſer par le trenchant de l'eſpee, iuſques au nombre de dix, ou dou-ze mille : forfaict qui irrita grandemẽt la diuine Maieſté pour la trop cruelle auari-ce de l'Empereur, qui depuis ce crime per-petré n'euſt aucun repos, & peu apres veiſt en viſion tous les maux, & les ma-

lheurs qui pendoient sur sa teste. Ceste vi-
sion le troubla fort auec les presages de son
infortune qui precederent sa mort : car les
Astres, & les mõstres qui naissoient l'en
menaçoient, Herodian luy en parla, vn
Hermite tenant vn glaiue nud en sa main,
en signe de iustice luy predict, & les auãt-
courriers de ses malheurs arriuoient de
toutes pars, toutefois il luy restoit encore
quelque esperãce de vaincre ces desastres,
& regaigner le dessus, par le moyen de son
armée qui estoit debout en Mysie, soubs
la conduicte de Pierre son frere, quand il
entendit les nouuelles que la plus grande
part d'icelle s'estoit reuoltée, & auoit esleu
pour Empereur vn certain Capitaine Cã-
tenier nommé Phocas, & que le reste qui
n'auoit voulu receuoir Phocas, auoit esleu
Theodose son fils pour gouuerner l'Empire, ou à son refus Germain son beau Pere,
ce qui le fit craindre & l'irrita tellement

Argument de la Tragœdie

qu'il procura d'oster la vie à Germain, &
conçeut presque vn mesme mal-talent cō-
tre son fils qu'il voulut faire fustiger de
verges, soupçonnāt que tous deux auroiēt,
prenant l'occasion par les cheueux au milieu de ses calamitez, aspiré à la courōne,
mais (comme il est impossible de forcer le
destin, & de destourner la vengeance qui
suit le peché) ses propres subiects se bande-
rent contre luy, si bien qu'il fut contrainct
d'absenter la ville de Constantinople, &
se retirer en vn port de mer, qui estoit en
la coste de Nicomedie, & pensant qu'il
trouueroit peut estre plus de cōstance &
fidelité sur les ondes inconstantes qu'il n'a-
uoit trouué en ses propres subiects) s'em-
barqua sur la mer, mais les gouttes qui le
tourmentoient l'ayans cōtraincts de se remettre au port, au sçeu de Phocas, il fut
retiré de là, & amené auec sa famille deuant le Tyran (qui peu au parauāt estoit

entré en triomphe en la ville Imperiale,
& s'estoit faict couronner Empereur des
Romains au gré mesme de Germain qui
s'estoit rendu du costé du plus fort) ou
estant apres plusieurs reproches qu'il fit à
Maurice s'allumant de brutalle rage, fit
massacrer aux yeux du Pere , & de la
Mere dolente , sept ieunes Princes ses fils,
dont le dernier ietta du laict au lieu de
sang , ayant pensé estre sauué par sa nourrice qui auoit supposé son propre enfant
soubs le couteau du meurtrier, & à mesme
instant apres ce funeste carnage fit tran-
cher la teste à Maurice qui endura le supplice aussi constamment cōme il auoit au-
parauant veus sans moüiller ses yeux la
mort de ses enfans , le Tyran differa la
mort de Constantine son espouse iusques à
quelque temps apres, dans lequel il extir-
pa peu à peu toute la race de Maurice, en-
trant ainsi plein de sang, en son nouueau

Argument de la Tragœdie.

*Royaume, ne considerant pas qu'il estoit
seulement l'executeur de la Iustice de nostre Dieu, qui punissoit Maurice pour sa
trop ardante conuoitise.*

Le Lecteur trouuera la plus grand'
part de ceste Histoire dans Ni-
cephore, sur la fin du XVIII. lib.
de son Histoire Ecclesiastique.

Fautes à l'impression.

*Page 80. v. 22. campagnes. lisez compagnes. 83. v. 7. les
citoyens. l. ses citoyens. 104. v. 2. le premiers. l. les premiers.
v. 4. les fils. l. tes fils, & v. 6. les mains. l. tes mains. 108. v.
17. & estoufer. l. estouffer. 113. v. 17. de la griffe. l. de sa
griffe. 116. v. 7. emporte. l. empourpre.*

Entre-parleurs.

MAVRICE.

CONSTANTINE.

LES ENFANS.

PIERRE Frere de Maurice.

CONSTANTIN surnõmé Lardy.

PHILIPIQVE.

THEODOSE.

GERMAIN.

L'HERMITE.

HERODIAN.

LES MESSAGERS.

LA NOVRRICE.

MAGISTRIAN.

PHOCAS.

LILE fauory de Phocas.

THEODORE Gentilhomme.

LES SOLDATS.

CHOEVRS.

ACTE PREMIER.
SCENE PREMIERE.

MAVRICE. LARDY. PHILIPIQVE.
MAVRICE.

Deceueurs appas de fortune muable,
O des Roys ensceptrez destin ineuitable,
Que me sert de porter ce Diademe au front,
Ce sceptre dans la main ainsi que les Roys font,
Puis que pressé du sort qui de prez me talonne
Il faut que ie sois veuf, d'honneur, & de couronne.
» O dangereux honneur, ô vaine vanité
» Que d'estre gouuerneur en la ronde cité,
» Trompeuse vanité, qui d'vn sorcier breuuage
» Mesle parmy le suc d'vn petit aduantage
» Mille maux, mille effrois, mille, & mille dangers,
» Et nous fais comme fols du bon sens estrangers.
» Tantost portez plus haut, sur le vent de tes esles
» Nous semblons approcher des celestes chandelles,
» Puis tout soudain voilant nos yeux de ton bandeau,
» Tu nous met aussi bas que l'infernal caueau.
Ie dis cecy pour moy, qui plein de ta fumée
N'aguerre commandois sur la gent Romaine

B

Tenant le sceptre en main, superbe en mon orgueil
Ie semblois rayonner ainsi que le Soleil.
Maintenant desolé, mon decharné visage
De l'effroyable mort porte peinte l'image.
O quiconque tu sois, en ses blandices pris
A ses charmés propos amusant tes espris,
» Prend garde à toy soigneus sa richesse importune
» Traine apres soy tousiours vne aduerse fortune,
» Elle tire en riant son sanglant coutelas
» Pour retrencher ton heur, & causer ton trespas,
» Et quant d'vn gay sous-ris de ses bras elle enlace,
» Mignardement ton col, c'est lors qu'elle menace
» Te tenant incertain, s'elle te veut baiser,
» Ou s'elle veut ton cœur d'vne dague percer
Si ie iette les yeux sur la pompeuse gloire
Et sur le char orné de superbe victoire
D'Alexandre vainqueur, des Cesars orgueilleux,
Qui ont faict abaisser tout ce monde sonbz eux,
Ce n'est qu'vne couleur qui paroist en la nüe
Ceste fresle grandeur est vn rien deuenüe,
De fortune vn esclat dardé dessus leurs chefz
Leurs a causé des maux, des extremes meschefz.
C'est toy Seigneur, c'est toy, qui veus par ta puissance
Combatre & renuerser la mondaine arrogance,
Quand ne voulant porter le dous ioug de tes loys
Tu monstres que tu es le Roy dessus les Roys,
Faisant tomber a bas l'audacieuse teste,
Qui ne redoute plus les tretz de ta tempeste.
Ceux qui faisoient leurs noms escrire dans les Cieux,
Et empruntoiët l'hôneur qui n'appartiët qu'aux Dieux

Ont estez renuersez soubz la lame poudreuse
Atterrez par l'effort de la parque traistreuse.
    O bon heur incertain, ô deplaisans plaisirs
O plaisirs compagnons de mille deplaisirs,
Que me sert, que me sert, ma Thyare entourée
Des plus rares tresors de l'Indique contrée,
Que me sert, que me sert, qu'au sortir de ma voix
Le peuple obeyssant se range soubs mes loix,
Que ie parois plus haut sur la tourbe menüe
Que sur les arbrisseaux le Sapin baise-nüe.
Si ie ne puis chasser de mon cœur le soucy
Qui tousiours me remord, & qui me mange ainsy,
Que faict l'Aigle foudrier, le larron Promethée,
N'y de nuict, n'y de iour ma peine n'est ostée
Le tombeau peut luy seul amortir mes trauaux
Et bien tost Atropos y enclorra mes maux.

LARDY.

    Sire, que couuez vous au profond de vostre ame,
Qu'elle ardente douleur voz moüelles enflamme,
Decelez vostre mal : quant le fiel d'vn soucy
Se perce à descouuert, il est plus adoucy.

MAVRICE.

    Làs ie ne veux plus veoir la face de ce monde,
N'y les feus scintillans dans sa courtine ronde.
Puis que i'ay traitrement, aueuglé d'vn desir
D'amasser des tresors, butte de mon plaisir,
De mes pauures Soudars les innocentes ames
Faict passer par le fil des plus tranchantes lames,
Non Seigneur non, il faut que le feu punisseur
Que tu darde sur nous tesmoing de ta fureur.

Vienne tomber sur nous, & nous reduire en cendre,
Puis au soufler des vents, par le Ciel nous espandre,
Personne ne sçauroit ce mal cuisant guerir,
Il n'y a que la mort qui me peut secourir.

PHILIPIQVE.

Helas Sire quel soing en vostre cœur s'esleue,
Que ne luy donnez vous pour le moins quelque treue,
Vous vous faictes mourir, & si ne voulez pas
La playe nous monstrer, qui vous guide au trespas.

MAVRICE.

Gouuerneur eternel de la campagne astrée,
Enuoyez moy la bas en la pasle contrée
Des ombres de la nuict, pour estre tourmenté
,, Au forfaict il est d'eu le tourment merité
Ie passeray, content, par le fer de cent piques,
Par le feu meurtrissant des manoirs Plutoniques,
Là où il vous plairra, pitoyable Seigneur
Ie courberé le dos soubs vostre bras vengeur.

PHILIPIQVE.

Ah Prince genereux. MAVRICE. *Ie me meurs.*
PHILIPIQVE. *Vostre face*
A force de pleurer ternist toute sa grace.

MAVRICE.

La nuict que le sommeil se coule aux animaux,
Ie ne repose point, i'endure mille maux,
Mille songes errants se meslent dans mon ame,
Ie suis tousiours bruslé d'vne secrette flame,
Mon horrible peché se presente à mes yeux
Comme vn Demon sortant des antres stygieux,

Il le faut appaiſer, ſus ſus dextre bourelle,
Il faut plomber de coups ta poitrine cruelle,
Et faire ruiſſeler de tes yeux tant de pleurs,
Que tu puiſſe à iamais eſteindre mes douleurs,

LARDY.

Quelle cauſe vous meut à verſer tant de larmes.

MAVRICE.

Seigneur iettés ſur moy vos foudroyantes armes,
Et que ce mien forfaict en bas precipité
N'irrite iamais plus voſtre diuinité.

LARDY.

Faictes nous ſ'il vous plaiſt voſtre ſoucy entendre.

MAVRICE.

Mon ſoucy ne ſe peut de perſonne comprendre.

LARDY.

Il faut forcer ſon dueil. MAVRICE. Ie ne puis,
      ie ne puis.
Dans mon cœur affligé ie trouue trop d'ennuis,
Ennuy qui viuement ma pauure ame garrottes!
Et me traine ce ſemble en des obſcures grottes
Ou il me faict reuoir les innocens eſprits,
Que i'ay par mon mesfaict cruellement meurtris.

PHILIPIQVE.

Voſtre parolle encor ſe couure d'vne nüe,
Et ne voulez vous pas qu'elle nous ſoit cognüe
Parlez apertement? quels eſprits quels ſoudars
Ont iamais abreué les poinctes de voz dars?

MAVRICE.

Les bandes qui ſoubs moy d'vne vaillante audace,
Auoient pour mon honneur endoſſé la cuiraſſe,

Ont esté le butin du Soldat estranger
Qui les a mis à mort, & i'ay presté le fer
Ie tremble ie fremis, las, à ceste parolle,

LARDY.

Faicte que ce soucy de vostre cœur s'en vole,
Vous estes, si saisy, vous estes si attainct,
Que vous n'exprimés pas le mal qui vous estrainct.

MAVRICE.

Que diray-ie bon Dieu! mon crime est manifeste
Digne du creux seiour, et de l'ire celeste,
C'est trop long temps tardé, vengez vous de ce tort,
Vengez Seigneur vengez, ceste innocente mort,
Ie suis cause de tout, helas, ie le confesse,
Cagane leur donna la mortelle detresse,
Moy iaydois à pousser le meurtrissant couteau
Dedans leurs estomacs, à guise de bourreau.
O forfaict desloyal, qu'elle beste sauuage
Hostesse des forests, viendra verser sa rage
Sur moy pauure Empereur, sur moy chetif helas!
Et que i'encoure ainsi le merité trespas.

PHILIPIQVE.

Puissant Roy dessechez, vostre face blesmie,
Cagane non pas vous leur à osté la vie,
Vous ne le sçauies pas, ce n'est de vostre faict.

MAVRICE.

En desniant mon er i'ay commis le forfaict.

PHILIPIQVE.

C'est vne opinion, ce sont mauuais augures,
Qui vous peignent au front mille vaines figures,

Faictes sortir dehors ces trop cuisans esmois
Qui vous rendët songeard, plein d'ennuis, plen d'effrois.

MAVRICE.

Ces effrois sont iettez de la main souueraine,
Ne pensés pas helas! que ce soit chose vaine
Ie suis attaint au vif : le grand Dieu me poursuit,
Il me suit à la trace, & de iour, & de nuict,
Comme faict le chasseur, qui parmy la fueillée
Ha d'vn dard emolu la poitrine foüillée
D'vn sanglier furieux, & n'attend que son flanc
Aye faict ruisseler vne mare de sang,
Pour enleuer apres la proye desirée,
Et à sa volonté en faire la curée.

LARDY.

Vostre forfaict commis m'est encore caché.

MAVRICE.

Mais le Ciel de son œil descouure mon peché,
Cayane le sçait bien, qui compagnon d'offences
Sera faict compagnon aux celestes vengeances,
Ces innocens espris tout fraichement meurtris
Demandent la iustice au celeste pourpris.

PHILIPIQVE.

Auez vous pour cela veu parmy la nuict sombre
Quelque spectacle affreux, quelqu'vne de leur ombre,
Sire dictes le moy. MAVRICE. Dans mes trem-
blans poulmons,
A ce seul souuenir renaissent des glaçons,
Las Philipique helas, ceste seule pensée
Rend tous mes sens troublez, & mon ame incensée,

O triste souuenir, ô l'armoyeux penser,
Escoutés si i'ay point cause de lamenter.
Cestoit quant à minuict la courriere argentée,
A la maison des Dieux de diamans semée,
Que tous les animaux, & les hommes lassez
Du somme Letheen ont les deux yeux pressez,
Quant voicy l'Eternel armé de son tonnerre
Faisant ce me sembloit bransler toute la terre,
Qui s'apparust à moy, ie frissonné d'horreur,
Car deuant luy marchoit l'effroy, & la terreur,
Ses yeux estoient de feu, sa face rayonnante
Me sembloit de desdain quelque peu pallissante,
Les fers, les foüets, les feux, les abismes, les morts,
La faim, la soif, l'exil, les malheurs, les efforts
Le ceinturoient autour, & entr'ouurant sa bouche,
Il approche enflambé de ma tremblante couche.
Malheureux ce dict-il, ô trois fois malheureux
Paisible tu iouys du doux présent des Cieux
Dessus vn lict mollet tu hume à longue haleine
Le sommeil doux-charmeur de ta cuisante peine,
Sans d'vn œil preuoyant regarde ce meschef,
Que ie va tout à coup darder dessus ton chef.
Dis moy traistre dis moy, quelle vaine esperance,
T'a de tes maux passez osté la souuenance?
Ne te souuient il plus des Soudars massacrez,
Des signes que i'ay ia par plusieurs fois monstrez
De mon bruslant courroux, de mon ire boüillante,
Et tu vis en repos sans que rien t'espouuante,
Esueille esueille toy, pense par quelle mort
Tu me veux appaiser, & effacer ce tort,

Si tu veux essayer quelque dague ennemie,
Qui t'oste le repos de ceste douce vie,
Ou bien si tu desire, & si tu ayme mieux
Estre faict le butin d'vn peuple furieux,
Ou si ie veux bannir bien loing de ceste terre
Toy, tes enfans tendrets, & ton espouse chere,
Afin que vous erriez chetifs, & que les Cieux
Se bandent contre vous, vous soient iniurieux,
Que l'Element herbu malgré soy vous supporte,
Que vous alliez cherchant le pain de porte en porte,
Vagabonds, esplorez, & que mesme les eaux
Ne vous reçoiuent pas dans leurs venteux bateaux,
Que des vents coniurez l'haleine boursouflante,
N'excite incontinent l'horreur d'vne tourmente.
Ou si Vulcan lié à ton doré plancher
Ie vous face en monceaux luy seruir de bucher,
Ou si voulant fuyr en quelque antre sauuage
Ie vous face esprouuer d'vne Louue la rage,
Cela est trop doux, mon ire ne peut pas
Rendre sa fureur dans vn simple trespas,
Ains que tous les maux, qu'vn monde de detresse
Tourmente agité, te bourelle, te presse.
Maurice ie te dis que deuant que le iour
Ait caché sa lueur dans le moite seiour,
Tu te verras chassé, & reduit en seruage
Tu verras tes Soudarts d'vn allumé courage
Mettre le feu par tout, & en despit de toy
Creer ton seruiteur de ton Empire Roy
Qui enflé du succez de fortune prospere,
Te fera depiteux mordre des dents la terre.

B v

Toy qui a soubs ton ioug mis l'Empire Romain,
Qui ploye maintenant soubs ta Royalle main
Ce iour, ce mesme iour, descheu de ta puissance
On ne te voudra veoir, n'y rendre obeyssance.
Ou iras tu pauuret en quel lieu bocager
En quel antre escarté fuiras tu le danger,
Si tu prens du Soleil la maison matineuse,
Si tu le va trouuer vers sa couche nuiteuse
Ie te suis, ie te suis, tu ne dois esperer,
Que tu puisse en fuyant le trespas euiter
Tu mourras, tu mouras, ta dextre parricide
S'ira souler en l'Or du fleuue Acherontide,
Ou ie t'appelleray en mon Throsne plus sainct
Si ie vois que tu sois de repentance attainct
Or sus donc tu mouras c'est chose resolüe,
Tes larmes, & tes cris se perdent en la nüe,
Et pour te faire encor de cela plus certain
Vn appellé Phocas se doit lauer la main
Dans ton sang i'allissant comme en vne fontaine
Ta femme & tes enfans encourront mesme peine.
     Il eust dict, & soudain se tournant vers les Cieux
Aussi tost s'enuola, & s'osta de mes yeux,
Plus viste qu'vn esclair, plus viste qu'vn tonnerre,
Que sur les monts astrez quelquefois il deserre
Las! qui est ce Phocas, Philippe dis le moy,
Qui me doit massacrer, & puis se faire Roy.

PHILIPIQVE.

Vn Phocas depiteux a dedans vostre armée
De ses Soldats mutins vne tourbe allumée

Semble par des presens les vouloir allaicter,
Il leue le sourcil, & se faict respecter,
Mais ce n'est qu'vn coüard, & la guerrriere audace
Ne prist iamais chez luy sa Martiale place.

MAVRICE.

,, La cruauté tousiours accompagne la peur,
,, Elle ne loge pas dedans vn braue cœur.
C'est luy donc le cruel, qui se doit faire maistre
De mon sceptre qui va à sa main se soubmettre.

LARDY.

Qu'vn Roy soit commandé d'vn simple seruiteur!

MAVRICE.

C'est du Ciel coniuré la vengeante rigueur.

PHILIPIQVE.

Pensez vous que le peuple enduraft ceste iniure,

MAVRICE.

C'est luy qui luy fera la premiere ouuerture,

LARDY.

Si le peuple animé conspire contre vous
Nous auons des amis qui se ioindront à nous,

MAVRICE.

,, Tout le monde est amy à ceux que la fortune
., Enfle d'heureux succez, & se rend opportune,
Phocas n'aura que trop de peuples pour fonder
Son regne commencé : puis au Throsne monter
Chacun luy aidera, c'est du Ciel la vengeance
Rien ne peut en cela la terrestre puissance.
Ie mourray, ie le sçay, & ia mon œil noircy
A peine de Phœbus voit le front esclaircy,

Le cizeau est ouuert de la mortelle Parque,
I'ay ia vn pied planté dans l'infernale barque,
L'arrest est prononcé au palais souuerain,
Las! ce n'est pas la mort qui cause mon desdain,
Ie l'ay bien merité, & l'Astrée iustice
Sur tous les maux punist le crime d'auarice,
Mais ce qui me faict mal, pire que n'est la mort,
C'est de mes enfançons le trop cuisant remord,
Faudra il ah Seigneur! que ces creaturettes
Sentent ainsi que moy les mortelles sagettes!

LARDY.

Vn fantosme vaguant par les obscures nuicts
Peut il tant en vn Roy ammonceler d'ennuis,
Qu'il bannisse de luy tout plaisir, toute ioye,
Et d'vn rongeant soucy, le face estre la proye.
Ah! Sire, reuestez vostre masle vigueur,
Chassez bien loing de vous ceste nocturne peur,
Que diroient vos subiects, si pour vn faux image
Qui vous est apparu, vous perdiez le courage
Voz ennemis bandés se moqueroient de vous,
Vous seriez la risée, & la fable de tous.
Si quelqu'vn vient pour vous causer quelque dōmage,
Qu'il sente vostre effort au Martial courage
Confortez vous d'espoir, & reprenez le teinct,
Dont i'ay veu autrefois vostre visage peinct
Ne nous tourmentons pas nous mesme en ce monde,
La terre en elle assez est de douleurs feconde.

MAVRICE

Ie suis tout plain de mort, & de iour, & de nuict
Aux champs, en la maison, ce mal poignant me suit.

PHILIPIQVE.

Pourquoy chagrinez vous ceste plaisante vie
Esclaue de soucy la tenant asseruie,
Vous auez du moyen de prendre voz esbas,
Sans tressuer d'ahan en ces mortels combas,
Le Pactole Indien ne roule dans son onde
Tant de sablons iaunis par la lampe du monde,
Que vous auez, heureux, de tresors amassez
Qui font vn riche mont l'vn sur l'autre entassez,
Les citadins de l'air fournissent vostre table,
Tous les iours par deux fois en cent metz variable.
Les animaux des bois donnent leur part aussi
Et ce que Neptun tient de plus rare & choisi
Soubs l'humide maison de son onde chenüe.
Ne se pourmeine en l'eau sans qu'il y contribüe.
Le Harpeur Amphyon ioignant à ses costez
Vn Luth charme-soucy, decoupe des motez,
Qui chantez par sa vois fretillardement douce.
Les faicts doux compagnons de son remuant pouce.

MAVRICE.

Cela ne peut tollir mon malheur obstiné,
Ie ne puis eschapper, il est predestiné
„ Aussi le miel confi dans l'humaine liesse
„ Ne sçauroit detramper l'aigreur d'vne tristesse.

SCENE SECONDE.

MAVRICE. LARDY. ASTROLOGVE. L'HERMITE. HERODIAN. MESSAGER DE THRACE. MESSAGER D'E-GYPTE. L'ESCVYER. L'ASTROLOGVE.

Ardonnez Empereur si mon visage affreux
Porte peinct sur le front quelque cas douloureux
Moy des long temps versez au mestier des Estoilles
Ie les ay veus trembler dans les celestes voiles,
I'ay veu du globe ardant descendre des fuseaux
Qui flambeus se fondoient aux tours de voz chasteaux
Vn comete crineus errant parmy la plaine
Du Royaume Etheré, chaque nuict se pourmeine
Trainant auecque soy plusieurs houpes de feux,
Presage trop certain de la rançœur des Cieux.

MAVRICE.

Pense tu que ce feu, que ce brandon Celeste
Predise contre moy quelque chose funeste.

L'ASTROLOGVE.

Dieu Prophete asseuré, qui enclost en ses mains
L'infortuné destin de nous pauures humains,

Vœille loing deſtourner ſur le Payen Empire
Ces embraſez flambeaux meſſagers de ſon ire,
Mais ie crains qu'vn malheur ne talonne vos pas,
Et de quelqu'vn des voſtres ourdiſſe le treſpas.

MAVRICE.

Du grand pere Ocean ſur la moiteuſe riue
Tant de flots blanchiſſans l'vn ſur l'autre n'arriue,
Quand les venteus eſprits, horriblement grondans
Creuſe ſon eſtomac, & baloient ſes flancs,
Que ie ſens arriuer de monceaux de triſteſſes
Qui font ſurgir touſiours des nouuelles detreſſes
Le Ciel nous monſtre helas! ſon front plein de courroux,
La terre veut auſſi ſe bander contre nous,
Des pays plus loingtains enclos dedans ſa maſſe
L'on me vient annoncer du grand Dieu la menace,
Mais qui eſt ceſtuy ty qui faict luire en ſa main,
Les eſclairs furieux d'vn acier inhumain.

L'HERMITE.

Quel vent me portera ſur la teſte pointüe
Du Caucaſin rocher voiſine de la nüe,
Pour euiter la charge impoſée ſur moy,
D'annoncer les malheurs du lamentable Roy.
Sus, ſus, eſcoute moy, que ma voix deſerrée
Penetre du Soleil l'vne & l'autre contrée.
Que la terre ſ'entre-ouure, afin que l'Acheron
Entende les accens de mon deſaſtré ſon.
Tu mourras malheureux, mais helas! ce qui bouche
Le canal qui retient la voix dedans ma bouche,
C'eſt qu'aux yeux maternels en pieces eſcartez
Tes fils perdront du iour les celeſtes clartez.

Que fuſsiez vous pluſtoſt quelque berger champeſtre,
Que ce que le deſtin vous faiſt maintenant eſtre.
Ta femme te ſera compagne en ton malheur,
Combien que ſeul tu ſois de ton crime l'autheur,
Mais n'attend ſi tu veux le boüillonnant courage
Du tyran eſchaufé, ie verſeray l'orage,
Du Ciel venge-pechez, & peut eſtre tes fils
N'y ta femme apres toy ne ſeront deconfis,
Ca approche de moy ta poitrine inhumaine,
En y baignant ce fer i'accourciray la peine,
Que tu as merité par tes damnables faiſts,
Voila, voila les fruiſts des auares forfaiſts.

LARDY.

Quel feu eſt cetuy cy, qui rougiſt ton viſage,

L'HERMITE.

C'eſt vne ire des Cieux, ce n'eſt pas vne rage.

LARDY.

Oſe tu ſot vieillard, oſe tu contre vn Roy
Darder iniurieux ta blaſphemante voy?

L'HERMITE.

Qui n'a reueré Dieu faut il qu'on le reuere?

LARDY.

Qui t'a appris des Cieux la future colere,,
,, Le futur eſt caché, & pas vn des mortelz
,, N'ouure le cabinet des ſecretz immortelz.

L'HERMITE.

Rien n'eſt caché à Dieu, qui decouure aux Prophetes,
Les choſes qui ſe font, celles qui ſeront faiſtes.

MAVRICE.

Mes Princes laissez le, qu'on ne l'offence pas,
Dis moy vieillard l'estat de mon proche trespas.

L'HERMITE.

Rien ne peust que la mort deuelopper ton ame,
Mais tu y conduiras tes enfans & ta femme.

MAVRICE.

Ie me garantiré auecque mes amis,
Des desseins animés de mes fiers ennemis.

L'HERMITE.

Tu as beau bigarrer tes pleines de gendarmes
Faire mirer le Ciel au lustre de leurs armes.
Encore que le soir le midy le resueil,
Ceux qui voyent six mois tournoyer le Soleil,
Viennent à ton secours, du vent de son haleine,
Le Prince tout puissant decouurira la pleine,
Vn fleuue larmoyeux, distillant de tes yeux,
Peut plus que tes efforts faire ployer les Cieux.

HERODIAN.

Quoy! l'hostel du grand Dieu encerné d'vn orage,
N'a il encor versé sa punissante rage
Sur nous mortels chetifs, & l'ensouffré flambeau
Ne nous à renuersé sous le poudreux tombeau.
Ie pensois que le Ciel auiourd'huy se deut fendre,
Et que ia l'eternel soit prez pour en descendre,
Tant de tisons de feux, ont esté decouuers
Noncer auancoureurs la mort de l'vniuers
Ou si ce n'est la mort, & le decez du monde,
Prince c'est contre vous que la machine ronde.

Du Palais estoillez vomit ses chauds courrous,
Empereur il est temps las! de penser à vous,
Que i'ay crainĉte pour vous, & que ma pasle face,
Prend à ce souuenir de renaissante glace.

MAVRICE.

Comme vn flot animé sur le plancher marin
Pousse son compagnon, & l'autre son voisin,
Ou comme de Titan la rayonnante flamme
Finissant vn beau iour, vn autre iour entame,
Ainsi mon mal se suit, & le malheur mourant
Est le commencement d'vn autre renaissant,
Le sommeil ne clost plus ma paupiere iumelle,
Mon songe m'espouuante, & mon ame martelle
Pour me plus torturer Neptun fournist ses eaux,
Et de tous les costez on m'annonce des maux.

MESSAGER DE THRACE.

Empereur ie ne sçay si la celeste face,
Ne veut plus œillader sur nostre pauure Thrace,
Mais quasi tous les iours quelque monstre nouueau.
Espouuante nos yeux, nous troublant le cerueau,
Nostre commune mere en maux opiniastre
Ne nous produiĉt rien plus que des fruiĉts de maratre,
Encor n'aguere encor, regardés s'il vous plaist,
Vne femme à porté c'est enfant contrefaiĉt,
Que ie viens vous monstrer, chose prodigieuse,
Qui menace de maux la terre vicieuse,
Voyez comme son chef n'est qu'vn charnu monceau,
Et comme il est priué de son double flambeau
L'estomac cheuelu auec le chef s'assemble,
Et d'vn confus chaos sont pesmesle ensemble,

Rien n'apparoist des mains, n'y des sourcils voutez,
Ses pieds honteus ne sont l'vn de l'autre escartez,
Ains d'vn poisson marin hors de l'humaine taille,
Ont ce semble empruntez, & la queüe, & l'escaille.

MAVRICE.

Dieu du Ciel qu'est-ce là, ô faict prodigieux,
Et comment osez vous en repaistre vos yeux,
Sans donner aux enfers sa plaine iouyssance,
Car ie croy que c'est là qu'il aura pris naissance,
Percez de vos poignards ce charnu peloton,
Il ne tient rien d'humain, c'est vn mauuais Demon,
Phœbus à son regard tourneroit en arriere,
Reprenant d'Orient la naissante cariere,
Priuez le tout à faict de la lampe du iour,
Il n'est digne iouyr du terrestre seiour.

Quel autre Messager blanchi par le visage
Vient encor me greuer ? destournés son message,
Faictes l'yssir dehors, ie n'en veus plus ouyr,
Ie sçay que ce n'est rien, qui peuue resiouyr.

PHILIPIQVE.

Il se lance au Palais, & approchant du Trosne,
Affronte hardiment, Sire vostre personne.

LARDY.

De quel pays viens tu, ou dresse tu ton cours.
Retranche vistement ton funebre discours.

MESSAGER D'EGYPTE.

Las! que ie suis transy, & ma pantoise haleine
Perdüe de courir ne reuient qu'à grand peine,
Ie diré en deux mots, Empereur escoutez,
Car ie ne puis parler qu'à mots entre-coupez.

MAVRICE.

Raconte vistement. **MESSAG.** *Cil qui soubz vou*
  commande
En qualité de Roy, sur l'Egyptienne bande,
Ma vers vous enuoyé pour vous conter cecy,

MAVRICE.

Tu rengrege loingtain, mon martyrant soucy.

MESSAGER.

Menas se pourmenoit sur la fertile riue,
Ou le Nil par sept fois vagueusement arriue,
Le regne poissonnier de ses yeux mesuroit,
Et le flot crespelu qui dessus se ioüoit,
Quand d'vn antre marin vn monstrueux colosse
Se va leuer sus pied, sa teste estoit plus grosse
Qu'vn montagneus rocher de sa bouche, & ses yeux
Sortoient (ce luy sembloit) mille globes de feux,
Son visage noircy, s'approche de la nüe
Ses pieds iusques au fond pressent l'onde chenüe,
Son bras tient appuyé des rochers le dessu,
Il à les cheueux longs, & l'estomac moussu,
La maison de Pluton n'a poussé de son onde,
Vn monstre qui si fort espouuante le monde.

MAVRICE

Menas l'a il veu seul. **MESSAG.** *Non, non Sire, à*
  plusieurs,
Il à faict engeler le visage de peurs,
Il arreste les nefs sur les proches riuages,
Et corsaire cruel faict mille brigandages,
Hardy ne se muss.nt dans l'ondoyant seiour,
Iusque à ce que le Ciel y ait caché le iour.

L'ESCVYER.

Empereur s'il vous plaist ouyr le malencontre,
Que ie viens annoncer suite de vostre encombre,
Le Cheual ayme-Mars qui vous portoit iadis
Par les scadrons rangez d'vn monde d'ennemis
Et teignoit au combat d'vne ame genereuse,
De leur sang chaleureux la campagne poudreuse,
A mordu roide mort l'estable, & le plancher,
Et dict-on qu'il vous faut de mesme tresbucher.

MAVRICE.

Helas! ie n'en puis plus la maison Emperiere
Reiette mes souspirs, desdaigne ma priere,
A c'est heure, à c'est heure, ah! Dieu punissez moy,
Ne faictes pas languir vn miserable Roy,
Me voila comme il faut, voila ma teste preste,
Faictes pleuuoir sur moy vostre iuste tempeste,
Aussi bien mon esprit, mon esprit aussi bien
Des long temps prisonnier en c'est antre terrien,
Veut estre compagnon des ames deliurées,
Par le trenchant cizeau des mortelles fusées,
Ie suis acrauanté du poids de mon malheur,
Le fardeau poise trop sans vostre ayde Seigneur,
Le iuste fondement de ma triste misere
Est desia commencé, sus pitoyable Pere,
Poursuiuez tout à coup, mon pauure cœur languit,
Et mon songe tousiours effroyable me suit,
Ie me iette à vos pieds, & la teste baissée
De mes deux yeux moüillez i'ay ma bouche arrousée,
Et c'est eau ma seruy de breuuage, & de pain,
Depuis que ie sentis le coup de vostre main.

Donc sacré geniteur enuoyez vostre flamme,
Pour ouurir la prison qui tient encor mon ame,
Ie tends mes bras tremblans aux Throsnes estoillez,
Mes genoux sont pliez, à la terre colez,
Ie tends le col peureus attendant le supplice,
Comme vn muglant Taureau proche du sacrifice
Couronné par le chef d'vn verdissant chapeau,
N'attend plus que le coup, du meurtrissant couteau
Qui faisant ruisseler le sang de sa poictrine
En teindra tout l'Autel d'vne couleur pourprine.
Quoy vous n'en faictes rien? Dieu ne voulez vous pas
Du haut de vostre Ciel me lancer le trespas,
Faut il helas! faut il, deuant que de descendre,
En la sale des morts deuorer ceste esclandre,
Errant dessus les eaux vagabond & honny,
De mon sceptre Royal, de mes honneurs banny?
Et qu'apres tant de maux, sans digne sepulture
Aux oyseaux, ou poissons, ie serue de pasture?

LARDY.

Bannisez, bannissez, ses effroyables peurs,
Elles trainent tousiours apres soy les malheurs,
Ne craignez, nous portons tousiours l'ame fidelle
Quoy que le fier destin contre vous se rebelle.

MAVRICE.

Ie ne crains pas la mort qu'elle perce mon cœur,
Ce qui me donne peur c'est de Dieu la rançœur,
,, Qui deplaçans les Roys, faict en leur Throsne mettre
,, Vn pauure Bergerot, vn simple homme champestre,
,, Changeant des hauts Palais les superbes grandeurs,
,, Quand il luy plaist aussi en cases de Pasteurs.

Chœur de Constanti-nople.

Las! quel rauageur tourbillon
Maurice, quel venteus orage,
Soufle sur ta pauure maison
Voulant y deployer sa rage.

Le Ciel engrossi de courrous
Annonce la proche tempeste,
Et combien qu'il gronde sur nous,
Il ne demande que ta teste.

Tu dois bien maudire cent fois,
La conuoitise trop ardante
Elle ta rangésoubs les lois,
De ceste auarice meschante.

Et la faim auare de l'Or,
Te sera faire le naufrage
Du sceptre que tu tiens encor
Le changeant en cruel seruage.

La terre qui iadis portoit,
Des fleurs, pour seruir de couronne
A ta teste qui retournoit
Du combat sanglant de Bellonne.

Maintenant d'vn ventre eshonté
Ne nous produiſt rien que de monſtre,
Et pour ſon antique bonté
Son ire faſcheuſe demonſtre.

O Roy de la celeſte cour,
Detournez loing ceſte menace,
Et nous faiĉtes voir le beau iour,
Qui pacifique voſtre face.

Faiĉtes que ce pauure Empereur,
Qui ne ſe paiſt plus que de larmes,
Ne reſente voſtre fureur
N'y l'effort de voz rouges armes.

Vous auez iadis retiré
Appaſſé de pleureuſe hoſtie,
Le tret de voſtre bras iré,
Sur Niniue preſque aſſeruie.

Car comme Æole ramaſſoit,
Baloyant la plaine azurée
La nuë qui enuironnoit
Du puiſſant la flamme acerée.

La troupe Niniuite alors
De larmes & regrets enceinĉte
Iettoit la cendre ſur le corps
De vraye repentance attainĉte.

Le

Le Ciel repriſt ſon teinct vermeil,
Et iecta de l'eau ſur ſes flammes,
Plus rayonnant que le Soleil
Se fiſt veoir à ſes pauures ames.

Ainſi faicte Seigneur ainſi,
Oeilladés ſur ce pauure Prince,
Qui ſe rend a voſtre mercy
Vous remet en main ſa Prouince.

C

ACTE II.
SCENE PREMIERE.

THEODOSE. PIERRE. PHOCAS. LILE.

THEODOSE.

CES plaines, ces taillis, & ce lieu solitaire,
Lieu ce semble sacré des Nymphes le repaire,
Et ma meute qui faict retentir ses abbois
M'inuite à rompre icy le silence des bois,
Et ja le pied du Cerf ses erres, sa foulure
Ont monstré aux veneurs sa branchüe rameure
Que mes Limiers soient prests, & les Chiés pour chasser,
Que bien tost nous puissions laisser coure, & lancer,
I'ayme quant à ce point le mestier de la chasse
Pource qu'auec le Cerf l'oysiueté si chasse,
Mais si ne veu-ie pas de tant m'outrecuider
(Mon Oncle) de partir sans vous le demander.

PIERRE.

Chassez mõ cher Nepueu: ce pendãt que mes trouppes
S'assembleront icy sur ces prochaines croupes,

Ah! les voicy venir, & leurs pauois brillans,
Imitent de Phœbus les feus estincelans
Disposez vous Soldats à la monstre future,
Et leurs chefs de leurs gens ayent soigneuse cure.

O quel heur de vous veoir geniture de Mars,
Quel bon heur de vous veoir tous herissez de dars
Que vous auez moüillez cent fois dans la poictrine,
Entre-ouurant l'estomac de la bande mutine,
Qui taschoit resister à vos sanglans effors
N'emportant rien sinon que des honteuses morts:

Combien depuis trois ans, tressuant soubs les armes
Auons nous terrassé de milliers de gendarmes,
Qui priuez du bon-heur des funebres tombeaux,
Ont remplis l'estomac des Chiens, & des Corbeaux,
Le Danube ronflant aux riues Germaniques,
Ira rougy de sang, raconter aux Scytiques,
Que nul ne peut porter la roideur de noz bras,
Quant nous sommes meslez au milieu des combas
Nous auons ombragé les Nymphes poissonnieres
Couurant leur dos salez de Nauires guerrieres,
La terre nouriciere, à gemy soubs le pois
Soubs l'enorme fardeau de noz riches harnois,
Et elle qui n'estoit que de fleurs bigarrée,
S'est veuë incontinent de rouge sang pourprée,
Que hardis nous tirions des ennemis gosiers,
Par le fer rauisseur de noz mortels aciers.

Achil' honneur des Grecs, qui en l'art de Bellone
A gaigné mille fois la premiere couronne,
N'asçeu dedans dix ans forcer qu'vn Ilion
Encor aydé d'Vlysse, & du traistre Sinon,

Et nous auons rompu tant de bandes guerrieres
Et en tant de Cités fais uoler noz bannieres,
Qui mutines auoient escoulé de noz mains
Dedaignans le pouuoir des estandars Romains,
Cela est nostre faict: Achil' n'a qu'vne gloire,
Et nous auons l'honneur d'vne heureuse victoire,
Qui tousiours, qui toustours accompagne nos pas
Du Soldat ennemy menaffant le trespas.

Thrace fille de Mars admire mon audace,
Ne pouuant supporter ma grande coutelace
Quant ceinct tout à l'entour de vous mes compagnons
Ie fonce courageux ses peureux goufanons.

De mesme qu'vn Torrent qui sautant des môtagnes
Par des piereus destroicts rauage les campagnes,
Fruict nager sur ses eaux les cases des Bergers
Arrache les Ormeaux, despoüille les vergers
De leur verte beauté, se veautre sur la plaine
Terassant de Ceres la iaunissante graine,
Sans que le Laboureur puisse d'amas de bois
Tant soit peu retenir ses ondoyans abbois,
Qu'il ne renuerse tout, & qu'il ne face vaine
Des Bœufs laboure-champs la tressuante peine.
Et qui voudroit aussi s'opposer contre nous
Pour penser soustenir la roideur de noz coups,
Sinon que pour dresser à nostre heureuse gloire
Vn triomphe honoré, marque de la victoire,
Combien, combien de fois, Maurice à il par vous,
A d'autres Empereurs faict ployer les genous
Qui rendans captiués leurs regnes tributaires
Suiuoient reueremment ses triomphantes chaires.

Mais ce n'est pas aſſez : non ce n'est pas aſſez
D'auoir tant d'ennemis l'vn ſur l'autre entaſſez,
Si quelqu'vn tient encor en ſa dextre les armes,
Et de tous les coſtez ramaſſe des gendarmes
,, Vn ennemy vaincu, n'eſt vaincu qu'a demy
,, Si on luy voit encor la marque d'ennemy,
,, Et iamais, & iamais la gloire n'eſt parfaicte
,, Tant que de l'ennemis toute choſe eſt deffaicte.
Sus donc eſueillons nous, & ne laiſſons tacher
Le triomphe appreſté qui nous couſte ſi cher,
Que l'horreur, la fureur plus que deuant ſ'anime,
Et que le feu guerrier nous bruſle la poictrine,
Le laurier eſt tout preſt pour orner noſtre chef,
Et ia de l'ennemy ſ'appreſte le meſchef,
Rentrons Soldats, rentrons, aux priſes de la guerre
Deſgaynons du foureau le luné cymeterre,
Si que noz ennemis voyent combien de fois
Hardis nous reprenons la lance, & le pauois,
Et que l'hyuer ne peut n'y les armes combatre,
Vn courage à l'honneur touſiours opiniaſtre,
Et quoy vous reculez ! Et ſemble qu'vne peur,
Vous euſt ſoudainement derobé voſtre cœur,
Qu'eſt-ce qui vous detient, & quelle image errante
Vient en ſi peu de temps vous dreſſer l'eſpouuante,
Allons, Soldats allons, quoy ne voudriez vous pas
A mon commandement vous remettre aux combas.

PHOCAS.

Ah ! meutrier affamé, prodigue de la vie
De tant de legions que tu tiens aſſeruie,

Pense tu soubs le miel de tes flateurs discours,
Nous cacher pour iamais les Romulides tours.
Tu nous estime donc des vagabons Tartares,
Des Scythes sans maisons, des esgarez Barbares,
Pour ne iamais reuoir la fumée à flots gris
Voltiger sur les toicts de noz aymez logis?
Quoy!tu veus ce pendant que la Thrace venteuse
Couure ses monts hautains d'vne toison neigeuse
Nous faire les ioüets des borées felons,
Des glaces,des frimats,du Nort,des Aquilons,
Est-ce ainsi,est-ce ainsi,monstre de Barbarie,
Est-ce ainsi que tu veux martyrer nostre vie,
Est-ce ainsi que tu veux,perdre ceux qui te font
(Sans ton merite) auoir le Laurier sur le front?
Ie ne redoute plus,inhumain ta puissance,
Ta vie aussi ta mort pend au bout de ma lance,
Et faut que ce iourd huy par vn puissant effort,
De nous autres Soudars tu achepte la mort
Et nous pensant oster la Romaine contrée,
Que nous t'ostions du Ciel la lumiere dorée.

I. SOLDAT.

Soubz pretexte de gloire, & d'honneur aquerir
Il tasche le meschant de nous faire mourir
Loing de nos chers parens, afin que nostre cendre
Aux vrnes des ayeulx, ne puisse pas descendre,
Et que loing escartés de femmes, & enfans
Sur nos corps froidureux on n'aille lamentans
Que personne sur nous ne face ses prieres,
Et ne dise pleureux les parolles dernieres.

PHOCAS.

Et quoy voudrois tu donc apres tant de hazars,
Que nous auons passez aux fortunes de Mars,
Maintenant que l'hyuer, & que la faim nous presse
Nous ourdir vn amas de nouuelle detresse
Quel Tigre, quel Lyon, Pere de cruauté
A dans son cœur enclos tant d'inhumanité
Nos corps d'vlceres pleins, qui n'ont plus que l'escorce,
Se trainent decharnez priuez de toute force,
Et toutesfois tu pense, ô braue conducteur
Par des fardés propos nous remettre le cœur.

PIERRE.

Chers compagnons, pour Dieu que nul ne se desbade,
Ce que ie vous ay dict l'Empereur le commande,
Et veut que l'ennemy sente encor vos effors,
Auant que vous pressiez les domestiques hors
Quoy voz nerfs detendus, vostre courage lache
Veut il faire à iamais vne notable tache
A vos beaux faicts guerriers, & par faute de cœur
Dependre en peu de temps le tiltre de vainqueur,
Ie sçay que le desir de reuoir la patrie
Est vne affection qui si forte nous lye
Et serre tellement qu'à grand peine peut on
Rompre le nœud serré de ceste passion,
Mais si nous nous mirons dans le miroüer de gloire
Des Peres anciens nous verrons la memoire,
Miroüer que nous deuons porter deuant nos yeulx
Car rien n'excite tant que les faicts des ayeux
Nous y verrons dedans le Gaulois Capitaine
Enyurer tout de sang la pharsalique plaine

Et Antoine boüillant du feu de guerroier
L'homicide Caßie, & Brute foudroier
Scipion l'Africain, Scylle, Manle, Camille,
Caton, Maire, Marcelle, & mille autres & mille,
Qui pour faire plus grand noſtre Empire Romain
N'ont iamais poſé bas le glaiue de la main
Iuſque à ce que l'honneur d'vne belle conqueſte
Leur à d'vn laurier vert enuironné la teſte,
(Prix des braues guerriers) & auſſi ce n'eſt rien
„ Que de bien commencer, ſi on n'acheue bien.
　Mais toy, Phocas, mais toy, oublieux de ta charge
Qui mutin contre moy tes iniures deſcharge
Qui te faiĉt ſi hardy de me parler ainſi,
Quel pouuoir, quel eſpoir, t'eſleue le ſourcy.

PHOCAS.

Ce pouuoir m'eſt donné de la trouppe Romaine
Qui ma au lieu de toy eſleu pour Capitaine
Me cognoiſſant aſſez de courage guerrier
Et de maſle vigueur, pour oſer le premier
Pour noſtre liberté mon propre ſang eſpandre,
Et contre tes deſſeins vaillamment entreprendre,
　Ah! compagnons de Mars, la tirannique main
Tiendra elle touſiours le beau ſceptre Romain
Touſiours Soldats touſiours, les miſeres les peines
Tiendront elles nos corps enchaiſnez de leurs chaiſnes
Et ce braue Empereur qui ſans bouger d'vn lieu
Par nos labeurs ſ'aquiert le nom de demy Dieu
Pour loyer d'auoir mis le laurier ſur ſa teſte,
Fera pleuuoir ſur nous de maux vne tempeſte

Voudra il que les eaux du Tybre flot-flotan
Aille trouuer Neptun pourpré de noſtre ſang
Que le Tigre Perſan donne a l'ondeux Nerée,
Auſſi bien que le Tybre vne robe pourprée,
Le Nil Egyptien le Tage iauniſſant,
Le Danube, le Rhin, l'Eufrate en face autant,
Et que de toutes pars aux rochers, aux montagnes
Aux Arabes deſerts, aux humides campagnes,
Nous paiſſions de nos corps aux plaines les oyſeaux
Les Tigres dans les bois, les poiſſons dans les eaux?
     Soldats n'en faiſons rien, quittons, quittons les armes
Quittons pour quelque temps les guerrieres alarmes,
Et donnons a nos maux vn ſouhaité repos,
S'il faut combatre apres nous ſerons plus diſpos
Si le forſaire auoit deſſus l'onde ſalée
Sans nul repos la main de trauail empoulée,
Et que le laboureur d'vn ſoc continuel,
Eſcorche recourbé le ventre maternel
Ils finiroient en maux leur miſerable vie
Qui ſeroit auſſi toſt par le trauail rauie,
,, Ainſi noſtre repos, eſloigne le treſpas
,, Et ſans luy longuement nous ne viuerions pas.

i. SOLDAT.

     N'auons nous pas aſſez d'vne fidelle eſpée,
Du ſang des ennemis la campagne trampée,
N'auons nous pas aſſez par les deſtroicts de Mars
Enſanglanté noz mains au meurtre des Soudars?
Sans encore vouloir nous remettre en pratique
A creſper le long bois de la branſlante pique.

2. SOLDATS.

Ce pendant que l'hyuer heriſſez de glaçons,
Tient meſme les brutaux enclos en leur maiſons,
Tu nous veus impiteus deliurer à la rage
Des neiges, des frimats, des vents, & de l'orage.

3. SOLDATS.

Si tu auois encor quelque choſe d'humain,
Tu verrois tout mon corps deſchiré par la main
Des cruels ennemis, & du coſté ſeneſtre
Aſſés proche du cœur vne grande feneſtre
Teinte de ſang caillé, quant defiant la mort
Ie conſacrois pour toy ma vie, & mon effort.

PIERRE.

Bien aymez compagnons, voz quereleuſes plainctes
Donnent dedans mon cœur des mortelles attainctes,
Mais ie vous pry' Soldats par ces braues Lauriers,
Que ie vois ia branſler deſſus voz chefs guerriers,
Que vous ne preferiez voſtre Romaine terre,
A la Royalle vois de Maurice mon frere.

PHOCAS.

Tu es donc obſtiné malheureus, & ſi veus
Encor auecque toy nous faire malheureus.
Tu veus nous mettre en proye, & rougir tes batailles
Du propre ſang tiré de nos propres entrailles
Mais ce ſera mieux faict, que ſupporter tes lois
Dedans ton moite ſang nous empourprer les dois
,, Il vaut mieux garantir mille perſonnes qu'vne,
,, Et par la perte d'vn, ſauuer vne commune.

I. SOLDAT.

Soldats, *nous* tardons trop il d'euſt eſtre la bas,
Au champ Tenarien exercer ſes combas.

PHOCAS.

Si tu as dans ton cœur quelque peu de vaillance
Pare, deffend ce coup que ma dextre te lance.
Tu recule peureus, &/ les flambeus rayons
De mon acier, te font tomber l'ame aux talons.

2. SOLDATS.

Serrons le de plus prez. PHO. Soldats il prend la
Ne perdons noſtre temps à ſi vaine pourſuitte.   (fuite,

LILE.

Ceſte fuite te faiſt eſtre du camp vainqueur
Vaincre, & faire fuyr ce n'eſt qu'vn meſme honneur
La victoire eſt à toy, tu as par ta vaillance
Chaſſant noſtre ennemy acquis ſur nous puiſſance.

Que tardons nous donc plus, braues auanturiers
Que ne couronnons nous le Prince des guerriers
Le genereus Phocas, afin que ſoubz ce maiſtre
Nous faiſions noz vertus, aux armes recognoiſtre,
Et que noſtre Maurice, &/ ſon frere vaincus
Soubs l'effort de ſes bras demeurent abbatus
,, C'eſt le tout pour guider vne belle entrepriſe,
,, Que d'auoir au combat vne ame bien appriſe.

MAGISTRIAN.

Il eſt vray compagnons, mais il faut ſeurement
Baſtir de noz deſſeins, l'aſſeuré fondement,
Il faut bien commencer, ce n'eſt pas vne affaire,
Que deplacer vn Roy qui toſt ſe puiſſe faire,

Car si nous eslisons Phocas pour conducteur
Il ne faut plus parler du Romain Empereur
Phocas, Phocas luy seul, nous seruira de guide,
Et tiendra ce faisant de l'Empire la bride
Si qu'il nous est besoing auecque le harnoy
En deplaçant Maurice establir nostre Roy,
Et nous pensans oster des trauaux de la guerre
L'espée dans la main vn Royaume conquerre
Qui ia nous est acquis, & remplir les tombeaus
Des Romains massacrez de nos propres couteáus,
Nous desirons la paix, & nous cherchons la guerre,
Nous desirons de veoir nostre natale terre,
Belle, saine, gaillarde, & ce nostre dessein
Luy plante le poignard dedans son propre sein
Que si nous aymons tant chasser de nous Bellone,
Il faut donner au fils du Pere la couronne
Ainsi nous esteindrons l'ire de l'Empereur,
Puis le sceptre est à luy, il en est successeur,
Que diroient des Romains les ames genereuses
Qui errent maintenant aux riues tenebreuses,
Que diroient les espris de ces braues guerriers
Qui nous ont au combat acquis tant de Lauriers
S'ils voyoient maintenant que d'vne ame felonne
Nous arrachions ainsi d'vn Prince la couronne
Qui ne nous appartient, & par rebellion
Sans regarder au droict de la succession
Nous ostions à l'enfant du Pere l'heritage,
Pour assouir l'aigreur qui tient nostre courage,
Non, non, enfans de Mars, non ne le faisons pas,
Et guidons au sentier de Iustice nos pas.

PHOCAS.

Comment!tu es de ceux qui voudroïet que ma gloire
Vefue de fon honneur entre en la tombe noire,
Et que Phocas iamais, n'aille enflé du bon heur
Ainfi qu'il eft predict dethrofner l'Empereur
Mais rien ne vaut le fon que tu iette en la nüe
Ta voix ne nous à pas l'oreille retenüe,
Car le deftin qui veut nos proiects auancer,
Nous infpire en l'efprit vn plus braue penfer.
„ Ce n'eft pas feulement la race ny Bellone
„ Ny la fimple vertu qui les Royaumes donne
„ C'eft le Dieu des humains qui eflargift aux Roys
„ Le fceptre couronné qu'ils tiennent en leurs dois,
„ Et faict quand il luy plaift en la plaine Idumée
„ Vn fimple Bergerot le Prince d'vne armée,
Comme il me faict icy:car ie fens dans mon cœur
De veine,en veine,errer vne faincte fureur,
Qui m'emplift tout le fein,& qui me donne à croire,
Que ie dois emporter le pris de la victoire
I'ay veus deffus mon chef,des Corneilles voler
Vn Aigle trauerfant le grand vague de l'air
M'a ofté le chappeau ,puis fur ma tefte nüe
Ayant deux ou trois fois tournoyé dans la nüe
Me la remis deffus,& puis d'vn vol hautain,
A fon aile caché dedans le Ciel d'airain
Augure trefcertain du Royal heritage
Que le Ciel m'a donné par ce diuin meffage.
MAGISTRIAN.

Ie fçay,chers compagnons,que le fatal deftin
Menace de troubler noftre Empire Latin,

Les Cometes affreus, ont vogué par les nües,
On à veu cheminer des monstres par les rües
Sans, front, sans nez, sans yeux, sans oreilles, sans bras,
Qui nous faict presager quelque terrible cas,
,, Mais il faut laisser faire à la Majesté haute,
,, Et baissant le sourcil amander nostre faute,
,, Sans secoüer le ioug que nous donne la Loy,
Et choisir entre nous le fils de nostre Roy
,, Car Dieu aime Iustice, & si punit seuere,
,, Celuy qui oste au fils l'heritage du Pere,
Aussi en vain auroient nos Peres bataillé,
En vain aurions nous tant l'ennemy trauaillé
Si bandez contre nous diuisez de courage,
Nous perdions tout à coup le Romain heritage,
Que le peuple qui voit sur son chef le Soleil
Quant il ouure les yeux de son premier resueil,
Ceux qui loing des cheuaulx que ses heures attelles
Ont le chef grisonné de neiges eternelles,
N'ont iamais sçeu dompter, cõbien que tousiours Mars
Leur fournisse à milliers vn monde de Soudars
Nous semblons à celuy qui d'vne dague essaye,
De se tirer du corps l'ame par vne playe,
Et si est tellement aueuglé de cerueau,
Qu'il ne sent dans ses flancs se noyer son couteau.

LILE.

Le Ciel veut que Phocas soit de l'Empire maistre.

MAGISTRIAN.

C'est des antiques Roys qu'il conserue le sceptre,
Puis ceste trouppe icy qui porte ainsi que vous
Dans sa masle poitrine vn belliqueus courous

Choisist pour Empereur le Prince Theodose,
Et Germain pour regir nostre publique chose,
Si que vous ne deuez, & si ne pouuez pas
Nous donner autre chef sans le mettre en debas.

LILE.

„ *On ne met en debat vne chose asseurée,*

MAGISTRIAN.

„ *Non quant on a la vois d'vn peuple rencontrée,*

LILE.

„ *Il a la vois de tous, qui l'a de la plus part,*

MAGISTRIAN.

„ *Ouy si l'equité, & vertu la depart,*

LILE.

„ *On ne regarde rien ou la force commande,*

MAGISTRIAN.

„ *Vertu seule nous faict de la plus forte bande,*

LILE.

„ *La force gist assez dans vn sceptre Romain,*

MAGISTRIAN.

„ *Ce n'est sans la vertu qu'vn fardeau dans la main.*

LILE.

„ *La vertu doit ceder à la force guerriere*

MAGISTRIAN.

„ *Vertu est le soustien d'vne teste Emperiere,*

LILE.

„ *Vn Roy doit ses subiects par armes soustenir,*

MAGISTRIAN.

„ *Par la seule vertu il les peut maintenir,*

L I L E.

En vain donc le mary de la belle Cyprine,
Dans les creus Etneans, se brusle la poitrine,
A forger les harnois, & tourner les rateaux
Et les socz laboureurs, en pointes de couteaux,
Sa main façonne en vain la rondache guerriere
Du grand fils de Tethis la vielle mariniere,
Et en vain ses marteaux ont batu tant d'aciers
Pour faire luire ès mains des Romains deuanciers
Afin que par l'acier vaillamment ils s'aduancent
Dans les pays voisins, & leurs lances y plantent
Si la seule vertu peut vn monde acquerir
Et faire en peu de temps vn Royaume florir.

MAGISTRIAN,

,, Ce n'est tout à vn Roy de bien faire la guerre,
,, De renuerser de force vne ville par terre,
,, D'empourprer son harnois du sang des ennemis,
,, Qui d'vn coup renuersez à terre seroient mis
,, C'est à faire aux Lyons hostes des lieux sauuages,
,, De s'enyurer de sang leurs brutales breuuages,
,, Mais vn Roy simplement habillé de vertu
,, N'a de combatre soing n'y destre combatu,
,, Ses villes sont en paix, il ne iette la veüe
,, Qu'a celuy qui preside au dessus de la nüe,
,, Et tousiours sans cesser il dirige ses pas
,, Au sentier de vertu maistresse des combas,

L I L E.

Phocas à des vertus, & de Mars l'acointance,

MAGISTRIAN.

Il n'aura pas sur nous la supresme puissance,

LILE.

Il vous fera guerrier de vos faicts resentir,
Et vous n'emporterez au front qu'vn repentir.

MAGISTRIAN.

Plustost les Cerfs legers au milieu de la nüe
Pendus entre deux airs paistront l'herbe menüe,
Et la bleüe Tethis rangeant à part ses flos,
Des poissons escaillez descouurira le dos
Que iamais ce Phocas de noz testes soit maistre
Theodose tiendra de son Pere le sceptre,
Ou constans nous mourons trestous entre ses bras
Aussi bien voyons nous de Rome le trespas,

PHOCAS.

Ah! mutins reuoltez vostre traistre langage
De la fidelité n'altere le courage,
Nous sommes des rochers non iamais abbatus
Quoy qu'ordinairement des orages battus,
Et non dans les marets quelque roseau qui ploye,
Et qui porte sa teste ou Borée l'enuoye.
Allés, allés trouuer Theodose, & Germain,
Et faictes leur tourner vn sceptre dans la main,
Le mien qui est de fer brisera leur puissance,
Et pour en auoir mieux la vraye experience
Auant que de partir essayés la vertu
Et les grands coups ferrez de mon glaiue pointu,
Afin que vous puissiez raconter & cognoistre
Aux prix de vostre sang, combien poise ma dextre.

I. SOLDAT.

Ils courbent deuant toy, ainsi que les espics,
Qui par vens pluuieux demeurent acropis

Contre la moite terre, alors qu'vne tempeste
En leur ieune saison leur faict baisser la teste

2. SOLDAT.

Voyez comme en courant de pieds, de teste, & bras,
Vn nuage poudreus s'esleue soubs leurs pas,
Ils pensent que ton bras foudroye sur leurs armes,
Terassant soubs tes pieds leurs plus braues gendarmes.

LILE.

Sus donc chery des Cieux, sus nourriçon de Mars,
Puis que tu as foncé par deux fois les rampars,
Qui sembloient empescher que ta dextre Emperiere,
Sur les Romaines tours ne plantat sa banniere,
Prend le beau sceptre en main, reçois ceste grandeur
Que nous te conferons, marque de ta valeur,
Monte sur ce bouclier, à l'ancienne mode
Pendant que tes Soldats te chanteront vne Ode,
Consacrant à tes pieds, leurs armes, leurs valeurs,
Leurs bras, leurs nerfs, leurs sang, leurs poitrines, leurs
*   cœurs.*

Chœur des Soldats.

Viue l'inuincible Phocas,
Viue le grand guerrier de Thrace,
Viue la gloire des combas
Viue l'honneur de nostre race.

Iô que ses temples guerriers,
Soient ceints d'vne belle couronne,
Et de ses immortels Lauriers
Qu'aux vainqueurs à Pise l'on donne.

Iô que par tous les cantons,
Iô que par toute la rüe,
Le peuple iette des festons,
Pour bien-heurer ta bien-venüe.

Maintenant ô braue Cæsar,
Enſigne de ceſte victoire,
Tu triompheras dans vn char
Deſſus vn grand ſiege d'yuoire.

Ton chariot ſera trainé,
Par deux Lyons aux dens-pointües,
Et tout le peuple enuironné
Iettera ton los par les nües.

Tes grands cheueux ſeront liez,
D'vn Laurier retors en couronne,
Et bas marcheront ſoubs tes piez
Le Dieu Mars, & ſa ſœur Bellone.

Quant à nous autres tes Soudars,
Nous irons au ſon des trompettes
Branſlans l'outil ſanglant de Mars,
Le morion dedans noz teſtes.

L'a dans vn Tableau deſcouuers
Se monſtreront noz entrepriſes,
Et tant de maux qu'auons ſouffers,
En tant, & tant de villes priſes.

Là Maurice, *et* ses fils vaincu,
Tous serrez d'vne grosse corde,
Marcherent le col abbatu
Implorant ta misericorde.

Le peuple iô iô redira
Iô triomphe par la rüe,
La renommée sonnera
Ton los, ta proüesse cognüe.

Et nous pour estre deliurez
Du ioug de l'auare Maurice
Ferons par les temples sacrez,
Vne fois l'an vn sacrifice.

Et quant la lumiere des Cieux
Aura la saison retournée,
Nous, conduicts de noz Peres vieux,
Celebrerons ceste iournée.

Et chanterons d'vn mesme son,
D'vne mesme vois entonnée,
Cent, *et* cent fois ceste chanson
Trompette de ta renommée.

Viue l'inuincible Phocas,
Viue le grand guerrier de Thrace,
Viue la gloire des combas
Viue l'honneur de nostre race.

PHOCAS.

Soldats, puis que le Ciel à voz desseins propice,
A mis entre mes mains l'Empire de Maurice,
Ie iure du Soleil le visage doré
Des peuples lumineus d'Orient adoré,
Que naissant il ira plustost dans l'onde boire,
Que iamais ce bien faict tombe de ma memoire.
Ie vous seray fidel, & n'auray que l'honneur
D'estre nommez par vous des Romains l'Empereur,
Vous aurez en effect aussi bien que moy-mesme
La force, & le pouuoir du Royal Diademe.

LILE.

Nous sommes tes Bourgeois, tes vassaus, tes Soudars,
Soubs toy souflez des vent bouffent noz estendars,
Noz cœurs sont en ta main, tu as sur nous puissance,
Nous ployons desormais soubs ton obeyssance
Ainsi que le Cheual ploye soubs l'Escuyer
Qui tient la bride en main, & le pied dans l'estrier.

PHOCAS.

Marchons donques Soldats, allons Romaines trouppes
Reuoir le beau seiour de la ville aux sept-crouppes,
Et les murs Bizantins le seiour des bateaus
Qu'enuoy' de toutes pars la Princesse des eaus.
Là libre des soucis qui naissent de la guerre
Nous iouyrons heureus de la natale terre,
Noz enfans tendrelets auec leurs dois menus
Se penderont au col des Peres reuenus,
Les baisans mille fois, & noz espouses tendres
Viendront à bras ouuerts dessus noz bras s'estendre.

Allons donc, & veſtons pour iouyr de ce bien
La rage, & la fureur du ſang Odryſien,
Qu'on n'apperçoiue en nous qu'vn flamboyant courage
Qu'vn deſir de pauer les villes de carnage,
Tuons, n'eſpargnons rien, & nous lauons les mains
Dans le ſang eſpandu des rebelles Romains,
Qui voudroient empeſcher qu'vne telle victoire
N'allaſt iuſque aux Indois annoncer voſtre gloire.

     Or ſus ce m'eſt aſſez, i'apperçois voſtre cœur
Voſtre face, vos yeux tous rougis de fureur
Qu'on ſonne le Tambour, que la creuſe trompette
Preſage aux ennemis la ſanglante deffaicte.

SCENE SECONDE.
MAVRICE. PIERRE.
MAGISTRIAN.
MAVRICE.

E n'eſt-ce pas grãd cas, & bon Dieu n'eſt-ce pas
Vn merueilleux deſtin qui talonne mes pas,
Que le ſommeil ne peut-enclorre ma paupiere,
Que le Dieu peruquier commenceant ſa cariere
Ou balançant le Ciel d'vn egal contrepois,
Ou ſe laiſſant lauer des filles d'Achelois,
N'allétit point mes maux, n'ammortit point mes peines
Et que touſiours touſiours dans mes ſecrettes veines,
Hebergent les malheurs, & d'vn pas preſque egal
Vn penſer ſuit vn autre, vn mal, vn autre mal.

     Tantoſt le ſoing rongeard de mes braues gendarmes
Donne dans mon eſprit des mortelles alarmes

Tantoſt du Ciel noircy les menaçans courrous
Plombant mon eſtomac le meurtriſſent de coups,
Et tantoſt de mes maux la renaiſſante image
Peint de blanche couleur le rond de mon viſage.
Tout autant que l'on voit en Automne tomber
De fueilles par les bois, quand le frilleus hyuer
Leur arrache le poil par les bouches irées
Des venteus Aquilons, & des gelez borées,
Tout autant de malheurs tout autant de meſchef
Menacent de tomber deſſus mon pauure chef.
Mais qui eſt ceſtuy cy, ah!c'eſt Pierre mon frere
Fauteur de mes combas, vray foudre de la guerre.

PIERRE.

Mon frere ie vous pri', pour Dieu ne permettez
Que voz malheurs naiſſans ſoient de moy recitez,
Helas! deliurez moy d'vn ſi triſte meſſage
Mes yeux parlent aſſez, & mon bleſme viſage.

MAVRICE.

Ie ne ſuis apprentif à entendre mes maux
Mes oreilles n'ont rien ouys que des trauaux
Depuis que le Seigneur de la plaine eſtoilée
Pour ne plus m'œillader à ſa face voilée

PIERRE.

Frere, tout eſt perdu, & le ſort inconſtant
Ayant planté ſes pieds ſur les aiſles du vent,
S'enuolle loing de nous : & menace de mettre
Le ſimple ſeruiteur en la place du maiſtre.

MAVRICE.

Quoy! mon oſt a il point la bataille perdu
Eſt il en route mis par les champs eſpandu?

PIERRE.

Ils viennent agitez d'vne rage mutine
Tournans leurs fers vainqueurs contre voſtre poitri

MAVRICE.

I'ay du cœur ce qu'il faut, i'ay aſſez de vigueu
Pour me deffendre armé, de leur traiſtre fureur.

PIERRE.

Ah! frere pour l'amour de celuy qui preſide
Aux ſcadrons empennez de la plaine liquide,
Retirez vous d'icy, frere , fuyez bien loing,
Ia Phocas à planté le poignard dans ſon poing
Qui veut faire voler voſtre ame purpurée
Au ſacré pauillon de l'immortelle prée,
Il n'a ſoif que de ſang, le fer de toutes pars
Brille dedans la main des reuoltez Soudars,
On n'entend que des cris, on ne ſent que carnage
Rien ne peut reſiſter à ſa brutale rage
Tout eſt ionché de morts, leurs coutelas trenchans
De Soldats charongners aſſertilent les champs,
Donnent proye aux corbeaus qui odorent l haleine
Des corps empuantis au milieu de la plaine,
On à beau ramparer les murs de voz citez
Tout paſſe par les dens de ces chiens irritez
Qui ſucçottent le ſang, enragez de manie,
De ceux qui ont voulus tenir voſtre partie,
Voz villes, & ſubiects luy vont tendre les mains
Il faict par tout voler les eſtandars Romains,
Et dict on qu'auiourd'huy ceſte trouppe ſeruile
Viendra planter ſon camp tout proche de la ville.

MAV-

MAVRICE.

O Monarque eternel, voyez comme ie suis
Œilladez mes douleurs regardez mes ennuis,
Iettez, iettez vos yeux sur mes poignantes peines,
Qui d'esprit & de sang me despoüillent les veines,
Et faictes que la mort de son meurtrier cizeau
Me taille promptement mon funebre tombeau.

MAGISTRIAN.

Prince iadis l'honneur de la terrestre masse,
Et maintenant descheu de ton antique grace,
Que ie porte d'ennuis, las! que i'ay de douleur
De veoir fondre sur vous vn monde de malheur,
I'ay veus de ces deux yeux, le monstre de Scythie
Prendre le sceptre en main pour vous oster la vie,
I'ay veus de mes Soldats, les monceaux purpurez
Par son glaiue inhumain sur la terre atterez
Leur sang haut-iaillissant, m'a moüillé le visage,
Et i'ay presque esté faict le butin de sa rage,
Les autres qui ne sont par Phocas deconfis
Ont le sceptre Royal donné à vostre fils,
Ne voulans desormais vous tenir pour leurs maistre
Ie ne peus plus parler regardez ceste lettre,

MAVRICE.

O terre qu'est ce cy, ô astre lumineux,
O grand Dieu foudroyeur des rochs audacieux,
Pourquoy ne lancez vous l'horreur de vostre foudre
Pour broyer mille fois ce traistre chef en poudre,
Mon enfant malheureus, mon miserable enfant
Party de mon estoc estoffé de mon sang,

D

Qui traiſtrement ioyeus de ma fortune aniere,
Se bande coniuré encontre moy ſon Pere,
Qui l'eſtimois mon heur, mon appuy, mon ſouſtien
Mon eſpoir, mon confort, mon ſupport, & mon bien,
En ce cruel deſtin qui mon eſprit trauerſe,
Et il ſe rit ioyeus de ma fortune auerſe,
Il penſe que les maux qui viennent me dòmter
Seront ſes eſcaliers pour au throſne mónter
Mais ie iure le Ciel par le grand Dieu i'atteſte
Que ie feray voler des eſpaules ſa teſte
Deuant que l'aſſaſin aye mis ſon poignard
Dans le ſein ia ridé de ſon Pere vieillard,
Ah! qu'on dict à bon droict que le deſtin volage
Faict des Peres & fils vn contraire partage,
Quant oſtant le bon heur il laiſſe au lieu de luy,
La peine, le meſchef, la triſteſſe, & l'ennuy.

Chœur.

O combien d'influences,
O combien de meſchefs
Les diuines puiſſances
Eſlancent ſur noz chefs.

La fortune incertaine
Nous eſleue le cœur
Nous promettant certaine,
La richeſſe & l'honneur.

   Elle met sur la teste
,, Vn tortis diapré,
,, Et les Rois elle veste
,, De vestement doré.

,, Leurs royaux edifices,
,, En Palais sourcilleus,
,, De braues frontispices
,, Vont menaçans les Cieus.

,, Chacun leur faict caresse
,, Chacun leur faict honneur,
,, Quand ils fendent la presse
,, Compagnon du bon heur.

,, On n'entend qu'allegresse,
,, Que des flateuses vois
,, L'vn prise leur proüesse
,, L'autre leurs belles loys.

,, Mais tantost que fortune
,, Aux pieds viste-mouuans,
,, Monstre sa face brune,
,, Et ses yeux menaçans.

,, Et qu'elle se retire
,, Pour ietter autre part,
,, Son aymable soubrire
,, Vn gracieux hazard.

,, Tout le monde auec elle
,, Prend son vol incertain,
,, Et d'vne course isnelle
,, Luy va tendre la main.

   Quant le Prince Maurice
L'auoit à ses costez
Heureusement propice
Exempt d'aduersitez.

   Ceux luy faisoient hommage,
Qui maintenant luy font
Porter tout cest outrage
Qui luy noircist le front.

   L'enfant laisse le Pere
En sa calamité
Cherchant du sort prospere
L'heureuse Deité.

ACTE III.

SCENE PREMIERE.

Theodose fils de l'Empereur.

Amais mon cœur fidel n'enfanta telle rage,
Iamais ie ne porté ce sinistre courage,
De trahir mon Seigneur, mon bon Pere, mon Roy
En son aduersité luy violant la foy,
Que plustost des enfers l'execrable Megere
Sortant me precipite au profond de la terre,
Me donnant les tourmens du viel Tantalean
Du iazard Ixion, ou du Promethean.
   O destin rigoureus, ô Parques infidelles,
N'auiez vous pas assez dans voz trames mortelles,
Enfilé de malheurs tissus d'aduersitez,
Sans nous ourdir encor d'autres calamitez,
Failloit il qu'vn soupçon d'vn deceuant image
Aigrisse contre moy de mon Roy le courage.
De mon bien-aymé Pere, ah! que plustost la mort
Ne darda contre moy son violent effort,
Alors qu'estant au champs mes gens me viendrent dire,
Que l'on m'auoit esleu gouuerneur de l'Empire.

D iij

Ceſtoit vers le my-iour quant le brillant Archer,
Au plus haut eſleué, vient ſes trets decocher,
Et frappant ſes cheuaux d'vne forte houſſine,
Faiſt auancer ſon char au droiſt de la marine,
Mes chiens iappoient encor, & de meurtriere dent
Tirans hachoient le Cerf qui ſ'en alloit mourant,
Et n'ayant plus recours à ſes rameuſes armes,
Faiſoit de ces deux yeux couler des rondes larmes,
Moy ie me repoſois ſoubs les bras d'vn Ormeau
Au tige haut & droiſt, au refriſé rameau
Detournant la ſueur qui baignoit mon viſage,
Cauſée par l'effort de ce plaiſir ſauuage,
Quand i'entendis le ſon aux plaines d'alentour
D'vne creuſe trompette, & d'vn bruyant tambour,
Et me leuant ſus pieds i'apperceu mes gendarmes,
Qui tiroient droiſt vers moy, equippez de leurs armes:
A Prince me dirent ils, il eſt temps deſormais
De laiſſer les bourgeois de ces ombreus palais,
Laiſſez les Cerfs fuyars que tuez à la courſe,
Et trampé voſtre acier dedans vn autre ſource
Dans le ſein ennemy d'vn Phocas orgueilleus,
Qui pour vous detroſner, eſmaille furieus,
Du ſang de vos Soldats les prairies voiſines,
Soubtenu par l'effort de ſes bandes mutines,
Si vous euſtes iamais de couronne ſoucy,
Si le ſoing paternel point voſtre cœur auſſi,
Reprenez le harnois endocez la cuiraſſe,
Et monſtrez ce iourd'huy voſtre guerriere audace,
Contre ce deſloyal qui pariurant ſa foy
Se faiſt iniuſtement des Romulides Roy,

Son nom vole par tout, sa forte renommée
De peuples d'alentour augmente son armée
Le Danube, le Rhin sont à luy presentez,
Et ceux qui sont tousiours de la Bise esuentez,
Luy ont tendu la main, ceste trouppe fidelle
Seulette à resisté à sa force rebelle
Qui vous eslit pour Roy, pour chef pour Empereur
Vous leur estes aussi legitime Seigneur
Non pas c'est assassin, qui se veut faire maistre
En deplaçant les Roys de leur antique sceptre.
    Ils auoient acheué quant la pasle frayeur,
Faisoit la froide ronde à l'entour de mon cœur
Ie tasché toutesfois de rappeller l'audace
Ie demandé ma lance, & mon corps de cuirace
Qu'on me mit sur le dos, i'eus l'acier dans la main,
Et ayant la poitrine outrée de desdain,
Ie resout d'achepter vne playe mortelle
De mon sang espandu pour si iuste querelle,
Mais comme i'entendis que ia de toutes pars
Aux villes & citez bouffoient ses estandars,
Que nul humain pouuoir, n'auroit ceste puissance
D'arrester le torrent de son outrecuidance
Ie priay mes Soldats par les hostes des cieux,
Par les Anges gardiens de ces terrestres lieux,
Par le Ciel courroucé, à noz malheurs prospere,
De ne vouloir iamais abandonner mon Pere
Pour traistre le liurer à ses fiers ennemis,
Foulans aux pieds la foy qu'ils luy auoient promis,
    Lors leur chef m'œilladant, me dict en ceste sorte
Prince, s'il vous plaist veoir le paquet que ie porte

D   iiij

Vous y lirez dedans la saincte volonté
De ce scadron icy aux armes indomté,
Qui vous faict gouuerneur de la Romaine terre,
Ou a vostre refus Germain vostre beau Pere,
,, Ne le refusez pas, il n'y a rien si cher
,, Vne couronne assez ne se peut achepter.

   A ces mots ie m'enflame ainsi qu'en la fournaise
Au soufler d'Aquilon on voit ardre la braise,
Et poussant de ma bouche vn parler animé
De fiel, & de courrous chaudement allumé,
Ie luy dis en ce terme, ah! traistre plein d'audace,
As tu osé ietter ces mots deuant ma face?
Mots moüillez dans le iuz d'vne amere poison,
Pensant de m'abreuer de lache trahison,
Par le Prince du Ciel, par le Soleil ie iure
Qu'a peine ie me tiens de vanger ceste iniure,
O Dieu qu'ay-ie forfaict ay-ie point irrité
Par quelque horrible faict vostre diuinité,
De plaire à ces mutins, & de leur sembler propre
En trahissant mon Pere à vn si lache opprobre,
Allés, allés trouuer mon beau Pere Germain,
Et plantés s'il luy plaist le sceptre dans sa main
Quant à moy ie seré compagnon de constance,
Et iamais le destin n'aura sur moy puissance
Pour me faire changer auec l'instable sort,
Que plustost ie ne sois prisonnier de la mort.

   En disant ces propos : i'apperceus que la bande
Des traistres reuoltés, reportoit son offrande
A mon Pere Germain, qui comme i'auois faict
La reietta bien loing detestant ce forfaict,

Prince vrayement fidel, qui ayme la fortune
D'vn amour tout egal, soit elle blanche ou brune,
   Tandis la renommée haut au Ciel s'esleuant,
Qui croist de plus en plus qu'elle va cheminant.
Met ses esles aux pieds, allume cent chandelles,
Et par tous les quartiers annonce des nouuelles,
(Monstre horrible, & cruel) qui se trouue tousiours
Pour troubler le repos dans les Royalles cours
Qui dans vn mortier seul, inconstante, & muable
Pile, l'erreur, le faux, auec le veritable,
Va mon Pere trouuer qui ploroit son ennuy,
Et luy dict que i'auois coniuré contre luy,
Luy monstrant vn paquet qui portoit tesmoigné
La foy de mes Soldats d'vne lettre signée,
Ceste lettre disoit que i'estois Empereur,
Et mon Pere estimant que pour ceste grandeur,
I'auois rompu la foy qu'vn enfant doit au Pere
S'eschaufa tellement de bruslante colere,
Contre Germain, & moy qu'encores à present,
Il voudroit de nous faire à la mort vn present,
Constamment resolu de nous oster la vie,
Pleust au grand Dieu du Ciel qu'elle me fust rauie
Moyennant que ie puisse auant que trespasser
De mon Pere irrité la grace meriter.
   C'est donc, c'est donc à toy, Innocence Deesse
Aux vestemens d'argent, à la dorée tresse,
Aux yeux rians & clers, au visage riant
Ornée par le front des ioyaux d'Orient
C'est à toy que mes vœus, s'addresse & ma priere
Des palais estoillez hostesse iournaliere.

                      D

Chasse loing, tu le peus, le deceuant soupçon,
Qui tient le cœur iré de mon Pere en prison
Et comme vn astre beau, darde vn tret de ta flame
Afin qu'on puisse lire au dedans de mon ame.

SCENE SECONDE.

GERMAIN. THEODOSE.
PHILIPIQVE.

GERMAIN.

Rand Dieu qui cognoissez les secrets des mortels,
Qui percez clairement de vos yeux immortels
Par la lourde espaisseur de ceste masse ronde,
Et du plus haut du Ciel regardez tout le monde,
Pourquoy ne rendez vous le forfaict euident
Pour lequel on nous va à la mort poursuiuant
Dieu n'est-ce pas à vous, Dieu ô grand Dieu celeste,
De rendre des forfaicts l'autheur tout manifeste,
Vous œilladés par tout, & si cognoissez bien
Quant les pauures humains font le mal ou le bien
Vous allumez le iour au fond d'vne poitrine,
Et descouurés d'vn cœur l'entreprise maligne,
Ostés donc le bandeau, monstrés à descouuers
Nostre cœur innocent aux yeux de l'vniuers,
Afin que le soupçon qui chaudement attise
L'ire de l'Empereur, ia dans son ame esprise
Se puisse refroidir par l'innocent ruisseau,
Qui laue nostre cœur en l'argent de son eau,

Mais n'est-ce pas icy, mon deplorable gendre,
Bon Dieu combien le Ciel verse sur nous desclandre.

THEODOSE.

Pleust au maistre des Cieux que le bruslant flambeau
De Iunon la Nopciere eut luict sur mon tombeau,
Lors quand de vostre fille vne belle iournée,
Me fist estre lespoux, & elle lespousée
Ie ne serois helas à ceste heure contrainct
D'aualer la douleur dont ie me sens attainct
Ie n'aurois le soucy de sceptre ny couronne,
Que l'auare grandeur des Royaumes nous donne
„ La Royalle grandeur paroist sur vn rocher,
„ Qui semble de son chef les estoilles toucher
„ Ses palais sourcilleux son brauache edifice
„ N'a rien pour tous fossez qu'vn profond precipice
„ Abisme de malheurs, ou les Roys plus souuent
„ Tombent precipités bouleuersés du vent.

GERMAIN.

Ce qui feroit eslire vne maison de chaume,
Au lieu des toicts dorez d'vn superbe Royaume,
Est qu'à chaque moment aux Roys semblent de veoir
Quelqu'vn qui veut tirer de leurs mains leur pouuoir,
Le soucy n'y la peur ne leurs donnent relasche
Ils pensent que tousiours la couronne on arrache,
Qui brille sur leurs chefs, & iamais le sommeil
N'a sceu d'vn Roy craintif fermer doucement l'œil,
Qu'il n'aye au parauant trouué dedans sa teste
Vn millier de soupçons, qui bruyans y tempeste,
Iamais les flots baueus des palais azurés
Accompagnés des vens auec eux coniurés,

N'ont tant batus aux flancs d'vne rage mutine,
Vn nauire agité sur la bleüe marine,
Que les Roys sont batus d'ordinaires tourmens
Qui vont deçà delà leurs esprits agitans
Ainsi que quelquefois on voit la Pastorelle
Conduicte dans vn bois d'vn Berger infidelle
Qui la hait, & qui veut d'elle se depetrer,
Ayant fiché ailleurs son amoureux penser,
Alors qu'il l'apperçoit dormante sur l'herbette
Il s'escoule soudain, & la laisse seulette,
Tandis le doux sommeil qui luy sille les yeux,
Rameine au Ciel d'azur les medailles des Cieux
Elle qui s'esueillant n'apperçoit plus personne,
Et regardant en haut la Lune qui rayonne
Se leue sur ses pieds glacée de frayeur,
Les soußpirans Zephyrs la font mourir de peur,
Elle tressaillist toute, & toute deuient marbre
Au moindre tremblement d'vne fueille sur l'arbre
Elle pense de veoir ce qu'elle ne voit pas
Chaque rameau tremblant luy est nouueau trespas,
De mesme vn Prince-Roy à chaque heure à chaque
D'vne nouuelle mort nouuellement se meure: (heure
Tantost il craint l'effort des peuples ses voisins
Ou le cœur reuolté de ses subiects mutins,
Au front de ses vassaulx il veut la peur empraincte,
Et toutesfois il crainct si de luy on a crainte.

THEODOSE.

Las ! nous sentons combien les ialouses fureurs
Ammoncelent de maux enfielez de malheurs

Qui sommes par les vents des soupçons aduersaires
De l'innocente mort maintenans tributaires,
De mesme que iadis le Prince Arcadien,
Le desolé Phynée au lac Stymphalien
Auoit pour compagnons de sa vilaine table
Les Harpyens oyseaux au ventre insatiable
(Nourice des soupçons) qui si tost n'auoit pas
Halené les vapeurs du Phyneen repas
Que ces esprits gauchers,ces execrables bestes
Venoient dessus ses plats degorger mille pestes,
Tant que ce pauure Roy de sa viellotte main
A son ventre affamé n'osoit donner du pain,
Qu'il ne soit pinceté de la bouche ennemie
De ses voleurs volans le support de sa vie,
Ainsi les Roys vexés des soupçons odieux
Ne voyent qu'a regret la lumiere des Cieux,
Soit quand des le matin Apollon se resueille
Soit quand son char versé dans les ondes sommeille
Ils sentent les soupçons ça & la s'esbranler
Et dedans leurs esprits comme mousches voler.

PHILIPIQVE.

Princes helas! pour Dieu que vos pieds salutaires
Derobent auiourd'huy les efforts sanguinaires
Du boüillant Empereur fierement depité,
Qui branslant sur son chef vn morion creté,
Le coutelas au poing,endocé d'vne armeure
Qui d'vn acier doré tout le corps luy emmeure,
Vous recherche à la mort,on bruict de toutes pars,
Le fer brille par tout en la main des Soudars,

Il est plus furieux qu'vne Ourse montagnere
Qui decoche l'horreur de sa dent carnaciere
Dessus quelque chasseur qui à dans sa maison
Cautement derobé son plus cher nourriçon

GERMAIN.

Bon Dieu que i'ay de peur, vray Dieu que i'ay de
I'appelle à mõ secours la mere-vierge saincte, (crainte
Et pour plus m'asseurer en ce combat mortel
Ie m'en va de ce pas embrasser son autel.

THEODOSE.

Moy ie m'en va trouuer l'Empereur irrité,
Vn Roy ne se fleschist que par humilité,
Ie pliray les genoux en adorant sa face,
S'il a pitié d'aucun ce sera de sa race.

PHILIPIQVE.

Ouy mais vous sçauez que l'amere poison
Du serpentin courrous, desloge la raison
Du cerueau son palais, puis l'ayant delogée
I bruict plus que le feu dans Troye saccagée
Tous les serpens eslez des Hyrcaniques mons
Tout ce qu'on voit és bois de Tigres vagabons
Ne nous font tant de mal que ceste ire eschaufée
Qui dessus la raison emporte le trophée
Ire, qui maintefois à par terre iettez
Les plus superbes murs des plus braues citez.
Mais le voicy venir prenez, prenez la fuite,
Euitez ie vous pry' sa sanglante poursuite.

SCENE TROISIESME.

MAVRICE. PIERRE.
THEODOSE. LARDY.

MAVRICE.

Vis que le iuste Ciel contre moy depité
Portant au front l'horreur de mon iniquité
Ne me regarde plus que sa celeste toile,
Ne prenne au lieu du pers, vne autre rouge voile
Pour rougir de ma honte, & pour faire sentir
A mon ame adeulée vn poignant repentir.
Ie veus bien, ie veus bien que mon grand faux image
Aille esprit soubterrain sur le triste riuage,
N'estoit que ie n'ay pas, ô grand moteur des Cieux
Encore satisfaict au dernier de mes vœux
Donne moy, donne moy grand archer du tonnerre
La force auant ma mort d'y pouuoir satisfaire.
Ie ne demande point que mon corps estendu
Ne se baigne en son sang fraichement espandu
Tout ce que ie voudrois tout ce que ie demande
Est de pouuoir meurtrir ceste traistresse bande
Ie vous requiers en don d'vn iugement rassis
Et la mort de Germain, & la mort de mon fils.

PIERRE.

Ostez de vostre esprit ce trop boüillant courage,
Et reprenez vn peu d'vn Pere le visage
Ne permettez iamais que ceste aspre rigueur
Vous eschaufe le sang, les membres, & le cœur,

Voudries vous vous oster d'vne dextre meurtriere,
Voudries vous vous oster vous mesme la lumiere.
MAVRICE.
Ie ne me l'osté point, car ie sçay que Phocas
Par l'arrest souuerain doit causer mon trespas,
Mais auant que mourir ie veus que mon espée
Soit au sang de Germain, & de mon fils trempée.
LARDY.
Si vous voulez vos mains de vostre sang tacher
En la sorte il le faut d'vne espée toucher
Vostre sang est le sien, & le sien est le vostre
„ La vie d'vn enfant n'est autre que la nostre.
MAVRICE.
Ouy bien d'vn enfant qui ne va traitrement
D'vn Pere desolé bastir le monument
Pour iouyr plus apres ce luy semble à son aise
Des Royalles grandeurs que son trespas luy laisse.
LARDY.
Il à l'esprit trop doux pour telle cruauté,
MAVRICE.
C'est pour cacher l'horreur de sa deloyauté
Qu'il porte le front plein, & que la belle image
De vertu, semble laire au rond de son visage,
La rose aux cheueux d'or, au visage pourpré
Pour mieux cacher le poind de son dard aceré
Faict monstre de son teinct qui les passans alleche
Puis leur faict dans la main vne poignante breche.
PIERRE.
Encore qu'il auroit, ardemment suscité
Par des Soudars flateurs, ou ceux de la cité

Ioubfcris à leurs defir comme il eſt foible d'aage
Faudroit il pour cela groſſir voſtre courage.
N'eſt-ce pas voſtre fils, ieune, tendre foible
Voſtre fort, & le fien pend à mefme filet
Mefme ennuy d'vn feul coup vos poitrines entame
Vous n'eſtes dans deux corps qu'vn efprit, & qu'vne

MAVRICE.

(ame.

Ilme le monſtre bien, le traiſtre, le meschant,

PIERRE.

I'eſtime quant à moy qu'il en eſt innocent,
Et que vous luy deuez pardonner pitoyable
Encore qu'il feroit de ce crime coupable.

MAVRICE.

Pardonner, ah! pluſtoſt les loups hoſtes des bois
Ne craignans des matins les nocturnes abois
Viendront fe ioindre a eux pour d'vne mefme proye
Enfemble fe donner la nourriſſante ioye,
En vain auroy-ie pris c'eſt armet effroyant
Et planté dans mon poing ce glaiue foudroyant
Afin que Preſtre fainct i'immole ceſte hoſtie
A la iuſte douleur qui mon ame à faifie.

LARDY.

Las! le voicy venir triſte, deconforté,
I'ay crainct e qu'il l'offence à prefent irrité
Il fe iette à fes pieds, & la tendre roufée
D'vn larmoyeux ruiſſeau, à fa face arroufée
Bon Dieu le cœur me fend de veoir ce lys Royal
Agité par le vent d'vn foupçon defloyal,
Baiſſer ainfi le chef, comme quant la tempeſte
Du lys au teinct d'argent acranante la teſte.

SCENE QVATRIESME.
MAVRICE. THEODOSE.
PIERRE. PHILIPIQVE.

THEODOSE.

Acrée Maiesté, Pere, Seigneur, & Roy
Escoutez les accens de ma dolente voix,
Ne posez vostre cœur comme vn rocher en l'onde,
Pour n'owyr les regrets dont mon esprit abonde.

MAVRICE.

Meschant, traistre, infidel, violateur de foy
Cruel, rebelle, ingrat, coniuré contre moy
Ose tu m'appeller par ce sainct nom de Pere
Qui te monstre enuers moy pire qu'vne vipere?
Ca ie veus iusticier auant que te laisser,
Entre mes bras vengeurs, te faire trespasser
Celuy qui te fit voir du monde la demeure
T'enuoyera la bas ou le trespas demeure,

THEODOSE.

Monseigneur, par celuy qui faict mouuoir les Cieux,
Iettés l'eau sur le feu qui flambe dans vos yeux,
Et prestez tant soit peu, vostre oreille Emperiere
Sans reietter ainsi ma tremblante priere.

MAVRICE.

Veus tu par tes propos, veus tu meschant, veus tu
Habiller ton peché en guise de vertu
Et par tes vains discours, vainement faire croire
Que la neige au flos blans est de teinture noire.

THEODOSE.

Las! ie suis innocent de ce traistre forfaict,

MAVRICE.

Ton visage, & ton front disent que tu l'as faict.

THEODOSE.

Si mon visage est peinct d'vne couleur marbrine
C'est la craincte de vous qui gele ma poitrine.

MAVRICE.

Vn meschant de forfaicts vilainement taché
Porte dessus son front vn Demon attaché
Qui luy cause la peur, & sa douteuse vie
Luy est cent fois le iour par la craincte rauie,
Il voit deuant ses yeux mille fantosmes vains
Bourreaus continuels de ses faicts inhumains
Mille espris furieus bourdonnent dans sa teste,
Il voit le noir flambeau du furieux Oreste
Et iamais le Soleil n'allentist ses trauaux
Iusque à ce que l'enfer ait engloutis ses maux.

THEODOSE.

Ie ne crains que pour vous, car vne ame innocente
Encore que le Ciel luy darde sa tourmente,
Et que les vens soufleurs l'vn l'autre depitez
Raze les fondemens d'vn monde de citez,
Elle demeurera sans attainctes peureuses,
Asseurée au milieu des cheutes ruyneuses
Vn tyran eschaufé ne l'estonnera pas
Luy proposant cruel vn monde de trespas
C'est vn rampart d'airain deuant la conscience
De ne sentir en elle aucun faict qui l'offense.

MAVRICE.

N'est-ce pas offencer d'estre traistre à son Roy?

THEODOSE.

Iamais ie n'ay pensé de vous rompre la foy,

MAVRICE.

Tesmoings de tes Soudarts la traistre signature,

THEODOSE.

Ie ne voulus iamais consentir à l'iniure,

MAVRICE.

Phocas m'en aduertist quoy qu'il soit mon hayneux,

THEODOSE.

Il la faict tout exprés pour me rendre odieux.

MAVRICE.

Quel profit pouuoit il esperer de ta hayne,

THEODOSE.

Qu'il vous pouroit combatre auecque moins de peine.
C'il qui veut le laurier sur sa teste enuoyer
Ne va precipité l'ennemy gueroyer
Lors qu'il le voit vny en sa force plus grande,
Mais il attend le temps qui plus il se desbande,
Et le moite pescheur pour tromper les poissons
Iette à profict son poil recourbe d'hameçons
Lors que le clair miroüer de la plaine salée
Par les vens pluuieux à la face troublée.

MAVRICE.

Des discours allechans ne t'exempteront pas
(I'en atteste le Ciel) du merité trespas,
I'auray ce iourd'huy dans la funebre lame
Pour ton corps prisonnier absenté de ton ame,

Et ce braue Germain te sera compagnon
Pour descendre auec toy aux caues de Pluton.
                    THEODOSE.
„ Vn bon cœur n'a soucy quand innocent il meure,
                    MAVRICE.
„ La Iustice ne faict à l'innocent iniure.
                    THEODOSE.
„ Non, mais le plus souuent soubs ombre d'equité
„ L'on faict mourir celuy qui ne l'a merité,
„ Car le vice tortu de telle resemblance
„ Imite la vertu, que l'humaine puissance
„ A peine peut iuger les plus iustes chemins
„ Posez tout au milieu de deux vices voisins,
„ Ainsi cuidant souuent prendre la droicte voye
„ Nous suiuons du peché le sentier qui deuoye.
                    MAVRICE.
    Tu vas cherchant la nuict au perleux Orient,
Et le berceau d'Aurore aux costes d'Occident,
Tu parle aux Aquilons, tu escris dans les nües,
Tu seme tes propos sur les ondes bossües,
Rien ne me peut tollir mon vouloir obstiné
Tu mouras de ma main, ton sort est destiné,
                    THEODOSE.
    Ie seray purement donné en sacrifice
A celuy qui me sçait estre exempt de ce vice,
Et pleust à l'Eternel que ceste oblation
Serue au courrous du Ciel de satisfaction.
                    MAVRICE.
    Qu'on me l'empoigne tost ceste beste enragée,
Et que deuant mes yeux elle soit esgorgée

Mais auant que mourir ie veus que sans repos
Auec des foüets sonnans on imprime son dos,
Pour tesmoing qne son faict si grandement m'irrite,
Que ie veus que sur luy mon ire soit escripte,
» *Vn Roy pardonne tout à son enfant plus cher*
» *Si ce n'est quant il veut à son sceptre toucher.*

PHILIPIQVE.

Fuyez Princes fuyez, fuyez Roy deplorable
Magazin des malheurs, Roy le plus lamentable,
Qui iamais œillada l'azuré bastiment,
Et de ses pieds pressa, le plus bas element.
Voila des Bizançois la triomphante ville,
Que pour vous massacrer son coutelas affile,
Voila que ses bourgeois en poinctes herissez
De iauelots, & dars horriblement dressez,
Decochans sur vos gens vne rouge tempeste,
Desirent furieux rencontrer vostre teste,
Le fer sonne par tout, & les feux indomptez
Au Palais de Lardy riblent de tous costez
Mesme de ces mutins vostre maison est ceincte,
Et l'image de mort dans la ville depeincte,
Fuyez Prince fuyez, euitez pour ces dures coups
Le dard enuenimé d'vn mutiné courroux.

MAVRICE.

Allons, opposons nous à leurs traistres alarmes,
Et pour le moins mourons ayant au poing les armes,
» *Ce nous est vn confort auant que de mourir*
» *De veoir auecque nous toutes choses perir.*

Chœur.

On dict que la Dame Nature,
Lors que Pyrrhe derrier son dos
Iettoit vne semence dure
Dont tous les humains sont esclos.

Fit à Iupin vne priere
Pour nous affranchir du trespas,
Dautant que nous estions de pierre
Que la mort ne nous tuat pas,

Et que comme rochers en l'onde
Nous haussions noz chefs sourcilleux
Dedaignans le pouuoir du monde
Et le feu menaçant des Cieux.

Tant s'en faut que cette requeste
Fut enterinée à la Cour
De celuy qui croulant la teste
Fatct trembler l'azuré seiour.

Qu'aussi tost demandant sa plume,
Et son liure à fueillets d'airains
Ainsi comme sur vne enclume
Burina le sort des humains.

Et vouluſt qu'a ce ſort muable
Nous ſoyons ſubieſts tellement
Que nous n'euſſions rien de durable
Soubs la voute du Firmament.

De là les Royaumes periſſent,
Et le tombeau encloſt leurs Roys
Puis d'autres viennent qui fleuriſſent
Pour remourir vne autre fois.

De là le Printemps qui derobe
Nos yeux au regard de ſes fleurs,
Auec l'Eſté change de robe,
Qui la teinſt de iaunes couleurs.

Et qu'apres l'Eſté vient l'Automne
Qui ayant permis d'enfauter
A ſa ſœur la belle Pomone,
Faiſt place au froidureus Hyuer.

Mais c'eſt vn grand cas que la face
De ce deſtin tant ennuyeux,
N'a point d'eſgard deſſus la race
Des Princes fils aiſnez des Cieux.

Que ſ'il nous verſe quelque eſclandre
En perceant ſon mauuais tonneau
Il le faiſt ſur vn Roy deſcendre
Pluſtoſt que ſur vn Paſtoureau.

                                        Et

Et si tellement il s'obstine
Quand vn mal il à destiné,
Qu'il ne crainct la trouppe diuine,
N'y du puissant la Deité.

Las! Maurice plorable Prince
Pourquoy te roidis tu si fort
Contre la gent de ta Prouince
Qui tasche à te donner la mort.

Ne sçay tu pas ta destinée
Escripte en ce papier d'airain,
Et que mesme ceste iournée
Le sceptre cheoirra de ta main.

Ce n'est vne trouppe mutine
Qui te va filant ces malheurs
C'est vne sentence diuine
Du grand maistre des Empereurs.

Encore qu'a force de rames
Tu single le dos de la Mer,
Ou que tu oppose tes armes
Pensant ce destin euiter.

Tes effors iront en fumée
Cela ne t'exemptera pas,
De la mortelle destinée
Qui talonne tousiours tes pas.

E

Cede plustost Prince Maurice
A ton sort qui est limité,
Et attend chetif ton supplice,
Ou l'exil de ceste cité.

ACTE IIII.

SCENE PREMIERE.

Constantine Imperatrice.
La Nourrice.

CONSTANTINE.

Erchez mes tristes yeux, cerchez vn autre sourc
Pour y faire couler d'vne pleureuse course
Le ruisseau de vos pleurs, quant à moy ie ne puis
Fournir l'eau pour moüiller tant de noueaux ennuis,
Ie ne puis, ie ne puis, la fontaine est tarie,
Et auec elle aussi se tarira ma vie.

O douleur, ô douleur, ô lamentable sort,
O des Cieux coniurez le trop boüillant effort,
Oeilladés par pitié, citoyens de la ville
De Tibere second la lamentable fille.

Voyez moy ie vous pry', & si quelque amitié
Loge encor entre vous, ayez de moy pitié,
Pardonnez à l'espous pour l'amour de l'espouse,
Ou nulle amitié vostre desir ne pousse,
Et qu'il soit de besoing pour ceste ire lauer
Dans vn ruisseau de sang vostre cœur abbreuer
Venez, venez à moy, percez mes tendres veines,
Et faictes en i'aillir mille rouges fontaines,
Si cela ne suffist ie tendray le gosier,
I'ay du sang ce qu'il faut pour vous rasassier
Non mon plorable espous, qui n'a dans sa poitrine
Qu'vn peu de sang troublé qui iaunastre y chemine,
Faut il tant d'estandars, tant d'armes & d'escus
Pour combatre vn viellard ia mille fois perclus
Faut il tant de Soudars, & vne telle force
Pour terrasser vn Roy qui n'a plus que l'escorce.

    C'estoit, c'estoit alors qu'il posoit sur les rangs
En son Auril premier, cent mille combatans.
Qu'il failloit attaquer sa rouge coutelace
Elle eust de ses hayneux paué toute la place,
Et donné à cognoistre au traistre partizan
Que des mestiers de Mars il estoit artizan.
Maintenant que le Ciel, les ondes, & la terre
Se bande contre luy pour luy faire la guerre,
Vous venez l'assaillir pensant que son malheur
Doiue sur vostre front imprimer de l'honneur,
Qui tachera plustost vos faces homicides,
Et au lieu de vainqueurs vous fera parricides,
,, Ce n'est d'vn citoyen le naturel deuoir
,, Coutre son propre Prince eslancer son pouuoir.

E ij

,, Et au lieu d'humblement luy faire reuerance
,, Luy presenter la mort sur le bout d'vne lance,
,, Le lancer, le courir, ainsi que par les bois
,, Les Chiens courēt vn Cerf qu'ils mettent aux abois
Mais non mes citoyens i'ay tort ie le confesse
De vous blasmer ainsi d'vne telle rudesse,
Subiects vous faictes bien, sus bon courage sus
Poussez plus que deuant voz guerrieres vertus
Parmy les carrefours qu'il ne se trouue place
Qui ne soit abreuée au sang de nostre race,
Et que tous foudroyez d'vn armé tourbillon
Nous seruions de victime à vostre cœur felon.
Allumez les palais du feu de vostre rage,
Et qu'on voye en la mer en reluire l'image,
Ie ne demande plus que ce seul reconfort,
Qui ne se peut trouuer qu'au giron de la mort.

NOVRRICE.

Quels propos tenez vous, que dictes vous Madame,
Quelle extreme douleur vous emporte vostre ame,
Voulez vous les hauts Dieux de propos offencer,
Helas! gardez vous bien de ce mortel penser.

CONSTANTINE.

Ie le dis pour l'assaut que le destin nous liure,
Et sçais que nostre mort est escrite en son liure,
C'est pourquoy ie voudrois sans plus tarder icy
Au champs Elysiens esteindre mon soucy,
Compagne des esprits qui dessous le fueillage
D'vn palme ou d'vn Laurier, racontent le dommage
Qu'ils ont par des tyrans cruellement soufers
Lors qu'ils estoient icy bourgeois de l'vniuers.

NOVRRICE.

Il y a pour cela (Madame) vn certain ordre,
Et dans le temps prefix Atropos nous vient mordre
Cause, que ne deuons (le Ciel ne le veut pas)
Nous procurer nous mesme vn violent trespas
Ains attendre le iour ordonné de la parque,
Qui nous fera passer dáns sa mortelle barque,
„ Le destin que trop tost ne nous vient assaillir,
„ Et nous faisct au tombeau mortellement pallir.

CONSTANTINE.

Puis qu'il est ordónné, puis qu'il faut que ie meure,
Qu'il faut abandonner ceste belle demeure,
I'ayme mieux ma Nourrice, & ne vaut il pas mieux
Delaisser maintenant la lumiere des Cieux
Que tarder plus long temps, & endurer les peines,
Qui cuisent tous les iours mon sang dedans mes veines
Vn pauure criminel n'est il pas plus heureux
Quant le bourreau luy faisct departir vigoureux,
Le chef d'auec le corps, de sa mortelle espée,
Qui passe en vn moment par sa gorge trenchée,
Que quand le miserable au profond d'vne tour
Au tourment merité repense nuisct, & iour,
Tremble, pallist, fremist à chaque heure à chaque heure
En attendant la mort, autant de fois il meure.

NOVRRICE.

Ce n'est ainsi de vous, car vostre mal n'est pas
Vn crime, vne prison, vne gesne, vn trespas,
Ains vn tret decoché de la main de fortune,
Qui tantost est benigne, & tantost importune.

E iij

Et bien souuent les Roys qu'elle auoit plus greuez
Sont apres au plus haut de sa roüe esleuez,
Il faut que ceste espoir nostre courage augmente,
Amphytrite se calme apres vne tourmente,
Et le front sourcilleux du Capharé rocher,
Ne sent incessamment les feux de Iuppiter.

CONSTANTINE.

Ah! Nourrice l'espoir qu'on dict qui nous conforte
Ne peut à noz malheurs ouurir la vraye porte,
Car souuent il nous trompe, & nous va deceuant
Si qu'au lieu de secours nous n'auons que du vent,
Au contraire la mort en sa foy plus certaine
Ne repaist l'affligé d'vne esperance vaine
Ains d'vne prompte main elle arrache si bien
Tous les malheurs qu'apres il n'y demeure rien :
C'est pourquoy i'ayme mieux auoir recours a elle
Que de prendre party auec vne infidelle.

NOVRRICE.

Dieu du Ciel quels propos, est-ce vn aspre courrou
Ou l'extreme douleur qui vous met hors de vous,
Est-ce la le parler d'vne Dame crée,
Pour luire vn iour au Ciel comme vne ame etherée?
Le Barbare Payen faict triomphe de veoir
Le viel Nocher Charon sans en rien s'esmouuoir,
Apres qu'vn desespoir d'vne rage incensée
A dans son estomac vne dague poussée,
Mais nous à qui la foy promet certainement
Tout ce que tient de cher l'estoilé bastiment,
Voudrions nous malheureus auoir nostre partage,
Au profond de l'enfer qui n'est que toute rage

Maurice.

Ah! Madame pour Dieu ayez propos plus sainct,

CONSTANTINE.

Las! ma Nourrice helas! c'est le mal qui m'estrainct.

NOVRRICE.

Euitez en fuyant le pouuoir aduersaire
Retirez vous d'icy puis que le pouuez faire
Puis vous sçauez comment pour ce mal euiter
L'Empereur à chargé le grand dos de la mer
D'vn Nauire creusé, qui en son ventre porte
Les tresors recueillis de sa couronne morte,
Allons, on nous attend, voyez voicy venir
Philipique & Lardy qui vous viennent querir.

PHILIPIQVE.

Madame, de vos nefs les antennes dressées
Au gré des Aquilons voudroient estre poussées
Le Nautonnier voyant l'agreable support
Que luy prestent les vens veut desanchrer du port
Seule vous retardez sa course mariniere
Puis on doit tantost veoir, de Phocas la banniere,
Voler au haut des tours, il est proche d'icy
Vostre mary se deult qui a de vous soucy,
Esbahy que desia vous n'estes dans la barque
Pour euiter l'effort de la prochaine parque.

CONSTANTINE.

O Dieu qui presidez sur les bleües maisons,
Des Phoques, Palemons, des Glauques, & Tritons
Qui pouuez dechasser du vent de vostre haleine
Les esprits rauageurs de la marine plaine,
Las! soyez nous propice, & que vostre courrous,
Au milieu de la Mer ne s'eslance sur nous,

Et puis que le malheur nous est ore contraire
Ne soyez point encor helas nostre aduersaire,
,, On ne doit au malheur donner affliction
,, Ains de luy seulement auoir compassion.
Et toy blanche Tethys des fleuues presidente,
Ie dois attendre en toy le bien de mon attente
Vn plaisir requiert l'autre, & tu sçay que tousiours
Soit le soir ou matin, i'ay faict enfler ton cours
Des larmes qui couloient de ma lampe iumelle
Ainsi ie te faisois, ô Deesse plus belle,
Et faisois bruire encor dauantage ton los
Quand tu te roidissois enslée de mes flos,
Sois moy doncques, soy moy en mon malheur prospere,
Et conduis à bon port espous, enfans, & mere,
Mais que dis-ie pauurette, ô folle d'estimer
Qu'il se trouue constance en l'inconstante mer.

LARDY.

Madame hastons nous, puis que le temps nous presse,

CONSTANTINE.

Ie sens de plus en plus augmenter ma detresse,
Or sus donc ie m'en va, adieu belle cité.
Adieu de l'Orient la brillante clarté,
Adieu coustaux fleuris, prez, monts, vergers, campagnes
Et ce qui me faict mal, adieu douces campagnes
Pour Dieu ne pleurez point, vous me faictes mourir,
Voz larmes ne sçauroient en rien me secourir,
Ie vois que de sanglots vostre estomac s'esleue,
Donnez à voz regrets pour le moins quelque treue,
Et pour dernier adieu venez fidelles sœurs
Amortir d'vn baiser le torrent de voz pleurs.

SCENE SECONDE.
PHOCAS. LILE. THEODORE.
PHOCAS.

Vifant Pere du iour, fontaine de lumiere
Qui fais parmy les Cieux l'ordinaire carriere,
Retarde vn peu ton cours, que ton brandon ardent
Ne fe loge fi toft, aux coftes d'Occident
Que tu n'aye œilladé de ton char qui rayonne
L'honneur qui brille au front de ma neuue couronne,
Quand iadis tu fis cheoir dans l'antre de Pluton
Par tes dars acerez le monftrueux Python,
Tu voulus quà iamais ta victoire on eftime,
Et pour t'en fouuenir tu fis vn ieu d'efcrime
Vn de coche, vn de courfe, & ces ieux tu nommas
Pythiens, de Python qu'alors tu affomas
Et pour marquer encor ta gloire dauantage
Tu fis changer Daphné en vn laurier fauuage,
Qui depuis à prefté fes verdoyans honneurs,
Aux chefs victorieux des Romains Empereurs
De mefme maintenant que i'ay ainfi qu'vn foudre,
D'vn monceau d'ennemis enfanglanté la poudre,
Soleil regarde moy, & fais que tes lauriers
Enuironnent mon front comme mes deuanciers
Fais que de mon honneur tout le peuple s'eftonne,
Et que mon braue chef comme le tien rayonne,
Moy qui ne me fuis pas contenté feulement
D'auoir d'vn fer couppé la tefte d'vn ferpent

E v

Ains qui ay courageux de ma dextre homicide
Des monstres massacrez encore plus qu'Alcide.
   Ainsi qu'vn lyonneau à qui l'aage n'a pas
Caché le foudre aux dents, aux ongles le trespas
Ne faict que s'esgayer à vne simple amorce,
Qui depuis ayant pris sa grandeur, & sa force
Se faict maistre des bois, & affamé de sang
S'il rencontre vn dragon il luy ouure le flanc
Les autres animaux autour du vert bocage
N'osent se pourmener de craincte de sa rage
Ains se mussent peureus dans le fort d'vn tailly
Au vent de son soufler ils ont le cœur failly
   De mesme, ieune encor, pour ma premiere guerre
Ie ne faisois de sang qu'vn peu rougir la terre
Mes nerfs n'estoient encor, n'y mon bras destendu,
Depuis i'ay belliqueux sur le champ estendu
Tant & tant d'ennemis qu'en l'infernal passage
Charon par trop charger à presque faict naufrage
Si que i'ay tellement remis dedans les bors
De mes traistres Soudars les mutinez effors
Qu'ils ont la craincte au cœur, & aux talons l'audace
Voyans deuant leurs yeux luire ma coutelace.

LILE.

   Ils sont tous par le fil de vostre acier passez
Hardis vous les aués soubs vos pieds terrassez,
Comme faict vn sanglier qui en passant trauerse
Vn scadron de mastins qu'il iette à la renuerse

PHOCAS.

   Ils pensoient rencontrer vn timide pigeon
Qui au moindre souffler du Nort, ou d'Aquilon

Se ramaſſe en ſa plume, & d'vne aile tremblante
Sans courage ſans cœur, ſe donne l'eſpouuante
Quant ils m'ont veus voler Aigle par deſſus eux
Dans mon aile apportant la cholere des Cieux
Foudroyant, tempeſtant, & d'vn maſle courage
Iettant à mon voúloir ma Martiale rage.

LILE.

Auſſi l'Aigle brunit voz Romains eſtandars
Auſſi vos fais guerriers volent de toutes pars,
Si que deſſous le Ciel, il ne ſe trouue place
Qui de loing n'euſt ouy tinter voſtre cuiraçe.

PHOCAS.

Mais ou ſ'eſt retiré mon braue corriual?

LILE.

Par deſſus tous, Neptun luy à ſemblé loyal,
Il va ſur vn ſapin raclant ſon onde bleüe
Pour retrouuer ailleurs ſa couronne perdüe.

PHOCAS.

Qu'il aille ou que Phœbus attele ſes cheuaux,
Ou qu'il plonge ſon chef le ſoir dedans les eaux
Qu que ſes chauds rayons font blueter l'arene
En monceaux vagabonds au deſtroict de Cyrene
Qu'il ſ'accoſte peureux du iaune Lybien,
Du More bazané, ou du Numidien,
Et par terre, & par mer ie le ſuiuray de ſorte
Qu'on en voira le nom, & la memoire morte,
Que ſi quelqu'vn ſe veut oppoſer contre moy
e luy feré ſentir la puiſſance d'vn Roy.

THEODORE.

Sire contentez vous d'auoir eu la victoire
Puis que voſtre ennemy vous à quitté la gloire,
Que vous ne luy auez autre choſes laiſſé
Pour tout ſon reconfort, qu'vn nauire poiſſé
Duquel il va batant d'vne rage depite
Et l'eſchine, & le dos de la perſe Amphytrite,
Qui dans ſon grand miroüer luy monſtre le pourtraict
De ſes honneurs paſſez haue, paſle, deffaict,
Reſemblant de tous points, à vne greſle image
Que la nuict faict ſortir de ſon ſombre riuage,
Lors qu'il nous eſt aduis que dormans nous oyons
Nos Peres treſpaſſez, & que nous les voyons
Reliques de la mort, deſpoüilles d'vne biere
Affublez de linceuls ſortir du cymetiere.
Quelquefois nous penſons enuelopper noz bras
A l'entour de leurs cols, mais ces eſpris n'ont pas
Si toſt nous approchez, que leurs idoles vaines
S'enfuyent, nous laiſſans en angoiſſeuſes peines,
De meſme le chetif, voyant deſſus la mer
L'honneur qui en regnant le faiſoit eſtimer,
Se peine quelquefois de l'eſtraindre de force
Mais l'idole ſe muſſe au plis de l'onde torſe,
Ainſi de iour, en iour il ſe va deceuant,
Et pour tous ſes honneurs n'emporte que du vent
Qui menace, grondant, ſa miſerable teſte
Du peril iournalier qu'enfante la tempeſte,
Si qu'au lieu d'vne mort qui talonne ſes pas
Il à pour compagnons vn millier de treſpas.

PHOCAS.

Cela ne me suffist puis qu'il iouyt encore
De la belle clarté que faict naistre l'Aurore,
Qu'il voit le long du iour le Soleil tournoyer
Qu'il l'apperçoist le soir dans l'onde se noyer,
Qu'il voit ainsi que nous , & des Astres la dance,
Et du Ciel peinturé la nombreuse cadance
» Car les hommes ne sont de tous points malheureux
» Tant qu'ils sont esclairez du grãd flãbeau des Cieux.

THEODORE.

» Au contraire la mort deueloppant nostre ame,
» Et de son noir bandeau nous voilant ceste flamme,
» Met nostre ame en repos,qui serue de douleur
» Miserable icy bas foisonne de malheur
» Iusqu'à ce qu'Atropos la Plutonique Fée
» Ait deuidé les plis de sa torte fusée,
» Et nous ayans sillé la paupiere,& les yeux
» Nous faict boire les flots du lac obliuieux.

PHOCAS.

Quel bien reçoit celuy qui boit dans l'onde noire,

THEODORE.

Qu'il à sur les trauaux emporté la victoire

PHOCAS.

Telle victoire aduienne à tous mes ennemis

THEODORE.

Leurs esprits bien-heureux en repos seroient mis

PHOCAS.

Pourquoy donc les douleurs hostelent le bas monde

THEODORE.

Dauantage que luy la terre en est feconde,

PHOCAS.

Dans l'enfer on n'entend que d'effroyables bruicts.

THEODORE.

Dans la terre on n'a rien que tristesse, qu'ennuis.

PHOCAS.

L'enfer est plein d'horreur, est plein de toute rage.

THEODORE.

Le monde à pris pour luy les douleurs en partage.

PHOCAS.

Pluton tient les douleurs en sa noire prison.

THEODORE.

Il à pour les vertus vne belle maison.

PHOCAS.

Il faict les citoyens orphelins de lumiere.

THEODORE.

Dans son verger reluit l'estoille matiniere.

PHOCAS.

Quel autre Astre peut mieux esclairer à nos yeux?

THEODORE.

L'vn est pour les mortels, & l'autre pour les Dieux.

PHOCAS.

Maurice donc deuroit recourir à sa parque.

THEODORE.

Elle ne veut encor le passer en sa barque.

PHOCAS.

I'ay bon desir bien tost de luy faire passer

THEODORE.

Sans l'arrest du destin il ne peut trespasser.

PHOCAS.

Et qui m'empeschera d'en prendre la vengeance,

THEODORE.

Sans luy vous n'auès pas sur Maurice puissance.

PHOCAS.

Quoy! sur mon ennemy qui me brasse la mort,

THEODORE.

Rien ne se faict icy sans le congé du sort.

PHOCAS.

Le sort ne peut en rien ou la vengeance est preste,

THEODORE.

Il peut faire tomber le mal sur vostre teste.

PHOCAS.

Qu'on ne m'en parle plus ie iure par les Cieux
Les sacrez pauillons des hommes demy-Dieux,
Qu'il mourra de ma main, qu'il ne se verra place
Soit sur terre, ou sur mer, ou ie ne le pourchasse
Plus viste que ne faict le Tigre qui poursuit
Vn timide troupeau de biches qui s'enfuit
Par les forts d'vn taillis soubs la verte ramée
Bruslant impatient d'vne rage affamée.

LILE.

Ce seroit applanir des vices le sentier
D'endurer les forfaicts sans y remedier.

PHOCAS.

Lile roidis ta course apres ces naus fuitiues,
Et fais que ce iourd'huy ie les tienne captiues.

LILE.

Reposez vous en moy, & voyez ce pendant
Le peuple qui d'ardeur brusle vous attendant,

Il iette voſtre los au ſommet de la nüe,
Et remplis d'allegreſſe à la porte ſe rüe,
Pour vćoir ſon Empereur qu'auiourd'huy le deſtin
A faiĉt victorieux de l'Empire Latin.

PHOCAS.

Allons ie le veux bien compagnons de victoire
Auec moy vous aurez vne pareille gloire,
„ Car celuy qui ſ'eſt faiĉt compagnon du malheur
„ Doit l'eſtre faiĉt auſſi arriuant le bon-heur.

Chœur de Conſtantinople.

O Beau Ciel de bleu peinturé,
  Qui monſtres ton front azuré
Chaſſant toute la nüe
A ceſte bien-venüe.

    Tu monſtre à ceſte fois combien
Tu nous veus & d'heur & de bien
Qui ioyeux nous rameine
Ce Romain Capitaine.

    Cet autre fils de Iuppiter
Qui a ſceu les monſtres dompter
Et reueſtus de gloire
Rapporter la victoire.

    Quels monſtres plus pernicieux
Marchent ſoubs la voute des Cieux,
Quel plus enorme vice
Que celuy d'auarice.

Maurice.

,,   Il à soubs terre son Palais,
,, Ou le Soleil ne luist iamais
,,   Qui liberal nous donne
,, Les rays de sa couronne.

,,   Ains tousiours des obscures nuicts
,, De soing, de tristesse, d'ennuits
,,   Qui pince ses entrailles
,, De mordantes tenailles.

,,   La peur ne l'abandonne point
,, Qui d'vn vif aiguillon le poinct
,,   Rapine sa compagne
,, Pas à pas l'accompagne.

,,   Ses doigts, & ses ongles de fer
,, Voudroient tout vn monde accrocher
,,   De Iupin le partage
,, N'allentiroit sa rage.

,,   La faim auare du tresor
,, Luy faict manger vn monde d'or,
,,   Et tousiours sa poitrine
,, Sent nouuelle famine.

,,   Le doré fleuue Lydien
,, Le riche Tage Hesperien
,, N'estaindroit de son onde,
,, Sa flamme vagabonde.

Ses yeux sont d'vn griffon ardans
Il porte le cœur au dedans
Le front, & le visage
D'vne louue sauuage.

Quand soubs son pied long & crochu
Il detient le pauure abatu,
Il hume à longue haleine,
Tout le sang de sa veine.

Phocas la vaincu toutefoy,
Et dechaßé l'auare Roy
Purgeant nostre patrie
D'vne telle harpie.

Et d'vne liberale main
Versé sur le peuple Romain,
A sa ioyeuse entrée
Vne pluye dorée.

De mesme que fit Iuppiter
Quant il voulust l'amour tenter
De la fille d'Acrise
Dont il eust l'ame esprise.

Außi pour son riche guerdon
Il a nostre couronne en don
Qui luit dessus sa teste
Ainsi qu'vne plannette.

ACTE V.
SCENE PREMIERE.
PHOCAS. LILE.
PHOCAS.

Ntre tant de lauriers que mon front enuironne
Au milieu des hōneurs qui ceignent ma courōne
Parmy mes citoyens qui comme aux immortels
Embaulmez de parfuns me dreſſent des autels,
Et puis deuotieux d'vne aiancée bande
Vienne porter leur cœur, & leur ame en offrande,
Quant ie deurois cueillir apres tant de labeurs
Tant de trauaux paſſez vne moiſſon de fleurs
Ie ſens mon cœur piqué d'vne ronce eſpineuſe,
Et mon ame ne peut encor ſe dire heureuſe
Iuſqu'à ce que le Ciel aye mis en ma main
Mon riual exilé de l'Empire Romain,
Et qu'il aye maſché dans ſa bouche ſaigneuſe
Au bord de l'Ocean l'arene infructueuſe.

    Vn nouuel Empereur reſemble de tout poinct
Au ieune iouuenceau que Cupidon a poinct
De la beauté qui luit au front d'vne pucelle
Qui de port, & maintien reſemble vne immortelle,
Il la veut, il la tient touſiours dedans ſes yeux
Quant l'Aurore au matin vient defermer les Cieux

Son premier souuenir est la beauté qu'il ayme,
Et n'a plus de soucy de sa personne mesme,
Que si quelqu'vn luy est en amour compagnon,
Voicy tout aussi tost l'enuieuse Alecton,
Qui sort de son enfer, & qui brusle son ame
D'vn tison allumé dans la ialouse flamme,
Il deuient furieux tout plaisir luy desplaist,
De meurtres, & de sang son penser se repaist,
Et n'a iamais repos iusqu'à ce qu'vne espée
Ait de son corriual la poitrine frappée.

De mesme moy qui sens au dedans de mon cœur
Mesme tret, mesme amour, mesme feu, mesme ardeur,
A l'endroict des beautez de ma couronne aymée,
Et qui l'ay ce iourd'huy vaillamment espousée
Auroy-ie bien le cœur d'endurer qu'on tollit
Mon espouse conquise, & l'honneur de son lict,
Permettant qu'vn riual en aye iouyssance,
Faute d'en auoir pris vne digne vengeance?
Non, non, l'ardeur ialoux causé d'vne beauté
Brusle les Roys aussi pour vne Royauté,
„ Et rarement on voit qu'vne vierge couronne
„ De son cercle doré deux testes enuironne.
Mais n'est-ce pas icy mon vnique soucy
La perle de ma Cour Lile mon sauory,
Ie lis dedans son front, ie vois dans son visage
Qu'il me vient annoncer quelque ioyeus message.

LILE.

Sire vous dictes vray, car cil qui peut auoir
Son plus fier ennemy enclos en son pouuoir,

Comme vous maintenant) ne sçauroit qu'il ne sente
L'aise qui dans son cœur faict vne aymable sente.

PHOCAS.

Maurice est il dõc pris? L I L E , Sire vous le verrez
Qui au lieu de reluire en habits diaprez,
A pris d'vn pauure serf la simple couuerture,
Contre le froid de l'air, & contre son iniure,
Femme, & ses enfans captiuez comme luy
Se moüillans de pleurs font croistre son ennuy,
Se cachent peureux soubs ses moites esselles
Tout ainsi que l'on voit les simples colombelles
Ensemble se presser, lors qu'vn air pluuieux
Faict sur elles couler les fontaines des Cieux.

PHOCAS.

O ioye nompareille, ô Ciel ie vous rend grace
De m'auoir mis ez mains de mes hayneux la race
Par les Cieux ils mourront ; mais dictes moy comment
Vous l'auez ainsi peu surprendre vistement.

LILE.

Nous auions entendu au poinct de vostre entrée
Qu'il s'estoit retiré proche de la Sorée
Au port de Nicomede, ou sa nef attendoit
Æole à son secours, qui d'elle se moquoit,
Et dispersant bien loing ses vœux, & sa priere
Dechiroit l'estomac de l'onde mariniere
Creusant son moite sein d'vn si puissant effort
Que presque l'on voyoit le regne de la mort,
Il tascha toutefois de courir la fortune,
Et se mettre au hazard sur le dos de Neptune,

Mais comme son nauire eust desanchré du port,
Voicy tout aussi tost Aquilon, & le Nort,
Et le moite Africain, qui d'vne forte haleine
Le lancerent au bord de la flotante plaine,
Luy voyant que les vens sur l'ondoyant seiour
Ne vouloient luy prester vn vtile secour,
Et que mesme la goutte au plus fort de sa peine
Luy lioit tout le corps d'vne poignante chaisne
Il appella son filz luy commandant d'aller
Le Monarque Persan à son ayde appeller,
Et que comme il auoit recous son Diademe,
Le remettant au throsne, il luy en fist de mesme.
Mais nous sachans cela l'allasmes enfermer,
Luy coupant le deuant du costé de la mer,
Lors se voyant captif, ses enfans, & sa femme
De cent mille souspirs il detrancha son ame,
Et leuant vers le Ciel ses yeux grossis de pleurs.
Ie sens bien maintenant les celestes rigueurs,
(Dict il en souspirant) ie vois bien que ma vie
Pour mon cruel messaict me doit estre rauie,
Et baisant ses enfans qui sanglotoient menus,
Nos honneurs leur dict il sont vn rien deuenus
Mes chers enfans helas! mais ayez bon courage
Le Ciel vous garde encor vn plus grand heritage.
La femme d'autre part, proche de son espoux
Ouurant son estomac le marteloit de coups,
Eslançant de tels cris, que le voisin riuage
Sembloit en souspirant redire son dommage.

PHO.

PHOCAS.

Ah! le traistre ennemy voyez comme il braſſoit
La guerre contre moy! comment il allumoit
Sur le bord Perſean la torche de Bellone
Pour mettre vn feu ſecret au rond de ma couronne,
Afin qu'en eſtant ceinct ie bruſle tout ainſi
Que la fille Creon, lors qu'vn ialoux ſoucy
Pouſſa le cœur iré de la mage Colchide
D'allumer vn brandon au feu Acherontide.
Pour traiſtre le cacher dans le rond iauniſſant
Qui ce iour meſme alloit ſon front embeliſſant,
Et bruſler par ſon art d'vne flamme poiſſée
Aux yeux de ſon Iaſon le Pere, & l'eſpouſée,
Mais le grand Dieu tuteur de l'Empire Romain
Renuerſant ſes deſſeins, la mis dedans ma main,
Afin que pour auoir meſpriſé ſa puiſſance
Il ſoit auſſi puny d'vne digne vengeance.

LILE.

C'eſt vn merueilleux cas, que quãd le Ciel nous veut
Punir de noz mesfaicts, que noſtre eſprit ne peut
Conceuoir vn moyen pour detourner ſon ire
Son œil à demy cloſ nous pourſuit, & nous mire
Comme faict le tireur qui derrier vn roſeau
Eſpie le canard qui iouë deſſus l'eau
Il à beau tournoyer d'vne aile vagabonde,
Et beau noyer peureux ſa teſte deſſoubs l'onde
Son pourſuiuant le mire, & apres maints detours
Quant il eſtime d'eſtre au plus beau dè ſon cours
Il luy cache dans l'aile vn dard qui le trauerſe,
Et le faict culbuter ſur l'onde à la renuerſe.

PHOCAS.

Maurice se pensoit eschapper des lyens
S'il pouuoit humer l'air des ports Iberiens
Ne considerant pas que la puissance grande
Des Roys n'a nul pays ou leur main ne s'estende,
Et que Phœbus monté sur son char ne voit rien
Allumant de ses rays le globe terrien,
Qui ne baisse le col soubs la grandeur Royalle
Tout vn autre pouuoir ce pouuoir seul n'esgale.
Mais allons ie veux veoir son port, & son maintien
Ie veus veoir deuant moy l'ennemy de mon bien
Qui veut contre tout droict sur ma teste entreprendre
Ie veus l'ouyr parler, & ses raisons entendre.

LILE.

Sire gardez vous bien qu'vn esprit furieux
Voyant vostre ennemy ne se lance en vos yeux
Et gaignant le Palais, ou la raison domine
Iettent ses rouges feux dedans vostre poitrine.

PHOCAS.

I'atteste le Soleil, ie iure par les Cieux,
Par les ombreus manoirs des Plutoniques lieux,
Que si tous les esprits du troisiesme partage
Mesloient auecque moy leur infernalle rage
Cela ne suffiroit pour assouuir l'aigreur
Du fiel, & du courrous qui boüille dans mon cœur
Apportés y encor compagnes de Megere,
Apportés y encor vostre noire cholere,
Et les serpens retors que vous lancés au fond
D'vn cœur de cruauté, & de rages fecond.

                                        SCENE

SCENE SECONDE.

MAVRICE.
CONSTANTINE.
LES ENFANS.
LES SOLDATS.

Vous eſtroicts liens, ô vous chaiſnes ſerrées
Qui tenez, & nos pieds, & nos mains enferrées
Vous infames licols meſſagers du treſpas,
Qui derrier noſtre dos nous recourbez les bras
Vous chaiſnes qui preſſez de vos griffes meurtrieres
En vn cercle de fer, noz iambes priſonnieres,
Helas! vous ſçauez bien que dés le premier iour
Que ie vis ſur mon chef vn entortillé tour
De perles de rubis, que l'Inde nous apporte
De flambeus Diamans qui brulloient en la ſorte
Que faict l'aſtre argenté qui blanchement reluict,
Et donne la clarté aux ombres de la nuict,
Ie predis mon malheur, chaiſnes ie vous atteſte
Ie predis bien mon mal, mon encombre funeſte,
Et vis que ces liens eſtoient auant-coureurs
(Combien qu'enchaſſez d'or) de mes preſens malheurs
Ainſi qu'au premier temps vne race dorée
Orna premierement noſtre humaine contrée,
Vn autre apres d'argent, la troiſieſme d'airain
La quatrieſme de fer, euſt le fer en la main,
Et ſe matant de maux en la race des hommes
Qu'encores malheureux à preſent nous en ſommes

F

De mesme ie preuis que l'or qui rayonnoit
Sur le rond couronné que Rome me donnoit,
M'ameneroit apres vne saison ferrée,
De miseres, de maux, de malheurs entourée.
Or la voicy venüe, & le flambeau du iour
Trainant son coche d'or par l'azuré seiour
N'apperçoist point de maux, à mon mal comparable,
Ne voit point de malheur à mon malheur semblable,
Voicy mes enfançons, Dieu ie me meurs helas!
Voicy mes chers enfans, images du trespas,
Qui premier que porter le sceptre & la couronne
Voyent leurs bras tendrets qu'vne corde enuironne,
Et n'attendent sinon qu'vn bourreau carnacier
Leur trempe dans le sein vne poincte d'acier,
Or allez vous fier aux instables richesses
Pour elles renuersez les flots des ondes perses,
Faictes trembler la terre au bruict de voz cheuaux,
Espuisez tarissez les marinieres eaux,
Et que de vos Soudarts les craquetantes armes
Facent dresser le poil aux plus braues gendarmes,
Qu'on n'entende sinon le son de vostre los
Que l'aiguillon d'honneur vous oste le repos
Vous verrez tost, qu'au lieu d'vn superbe trophée
Fortune vous fera luy seruir de risée.

CONSTANTINE.

He! nous le voyons bien, mon cher espous helas!
Nous sentons bien le fiel de ses trompeurs appas,
Hé! bon Dieu quel malheur, helas! qu'elle misere
De voir ces tendres fils tout ainsi que leur Pere

Endurer les tourmens d'vne captiuité
Garottés pieds & mains sans l'auoir merité,
O faict trop inhumain las! de douleur i'en pasme
Encore qu'à present Machabeenne Dame!
I'ameine auec tes pleurs les regrets que tu fis
Quant deuant le Tyran tu regardas tes fils
D'vn magnanime cœur, pleins d'vn masle courage
Detester ses tourmens ses menaces sa rage,
Ce malheur n'estoit pas à mon malheur esgal
Ie sens bien ie sens bien, helas! vn plus grand mal
Le feu de vostre loy qui brusloit voz entrailles
Estoit beaucoup plus fort que les rouges tenailles
De ce Prince impiteux, & la saincte ferueur
Qui vous tomboit d'en haut, vous animoit le cœur
Dieu seul, Dieu seul estoit le subiect de vos peines,
Et l'huile qui couloit chaudement sur voz veines
Vous sembloit des liqueurs que le Ciel enuoyoit,
Et pour tant de tourmens Dieu vous remercioit.
Vostre cause estoit iuste, & la nostre ô misere,
Noircist le front du Ciel d'vne iuste cholere
Si est-ce toutefois, ô Pere des humains
Si est-ce toutefois que les foiblettes mains
De ces ieunes enfans n'ont emply sanguinaires
Comme leur Pere helas! les places mortuaires
Pardonnez leurs Seigneur, Seigneur helas! Seigneur,
Ne deployés sur eux vostre bras de rigueur
Ainsi puissions nous de mesme que voz Anges
Chanter deuotieux voz hymnes de loüanges,
Et iamais le peché auec tout son effort
Ne nous puisse enlacer aux filets de la mort.

F ij

MAVRICE.

Ah! voicy le Tyran, ie vois deſſus ſa face
L'ire, & la cruauté qui detienne la place,
O Dieu puis qu'il vous plaiſt, iuſtement irrité
De me faire ſentir voſtre ſeuerité,
Permettez Roy du Ciel, que ſeul ie ſois victime
Puis que ie ſuis auſſi ſeul coupable du crime
Non ce troupeau foiblet qui n'a moüillé ſes mains
Comme moy Roy chetif dans le ſang des humains.
Sus chere eſpouſe ſus, ſus race de Tybere,
Oubliez deſormais l'honneur de voſtre Pere
Iettez vous ſur la terre, & les genoux pliez
Pleurante à ioincte mains le Tyran ſuppliez,
Qu'il pardonne à vos fils, & que ſa rouge eſpée
Ne ſoit en tant de corps mortellement trempée,
Il pourra mieux en moy aſſouuir ſa rancœur
Tantoſt en m'arrachant les entrailles du cœur,
Ou faiſant dans mon ſein d'vn poignard ouuerture
Ou faiſant me ſeruir aux flammes de paſture,
Ou bien en dechirant à gros ongles de fer
Les membres plus doüillets de ma ſanglante chair.

CONSTANTINE.

O deſtin rigoureux, faut il qu'vne Emperiere
Aux pieds de ſon vaſſal attache ſa priere?
Faut il, faut il helas! qu'en courbant le genoux
Du ruiſſeau de mes pleurs i'eſteigne ſon courroux
Faut il helas! faut il, que ma dextre Royalle,
Qui pour auoir eſté à ſon eſpous loyalle
N'a iamais attouché autre pied, autre main,
Se ſoüille en embraſſant ce barbare inhumain?

MAVRICE.

Courage mon espouse, hé! ce ce n'est point de honte
D'abaisser le sourcil quant fortune nous domte,
Ne considerez pas vostre antique grandeur,
Vous n'estes plus helas! femme d'vn Empereur
Ains d'vn pauure captif, qui ne porte autre chose
Que l'image de mort dans sa poictrine enclose.

SCENE TROISIESME.

PHOCAS. MAVRICE.
CONSTANTINE.
LES ENFANS.

PHOCAS.

St ce vous Deitez de l'infernal manoir,
Qui me bruslez le cœur, & qui me faictes voir
Parmy les feux obscurs de voz noires fumes,
De mon bien, de mon heur, les cruelles harpies
Se sont elles vrayement, ah! ie les apperçois,
Voicy mon ennemy, le voicy ie le vois.
O la plus desloyale, & la plus meschante ame,
Qui iamais œillada la Titanine flame,
Apres que les Soudars pour leur fidelité
Ont en guerdon reçeu ton inhumanité,
Et que i'ay preserué le reste du naufrage
Tu brasse contre moy vne secrette rage,
Et va de Cosroés les forces rechercher,
Pensant que ce Persan me pourroit empescher

F iij

De iouyr des honneurs que ma vertu me donne,
Et qu'ainsi tu pourrois recouurer ta couronne,
Afin qu'encor vn coup, tout le peuple Romain
Resente les efforts de ton auare main,
Dis moy, traistre dis moy, ta poictrine bourelle,
Qui a humé le sang de ta trouppe fidelle,
N'est elle soule encor? voudrois tu de nouueau
Enyurer ta furie en vn rouge ruisseau?
Imposteur, desloyal, inhumain, sanguinaire,
Est-ce ainsi que tu suys le chemin de Tybere
Qui pousé de desir, sans l'auoir merité
T'auoit faict le Seigneur de la ronde cité.
Il aymoit la vertu, tu n'ayme que le vice,
Il estoit libéral, tu és plein d'auarice,
Il abhorroit le sang, & tu és ce vautour
Hoste continuel d'vn montagneux seiour,
A qui iamais la faim n'y la soif n'est ostée,
Eut il cent fois le iour remangé Promethée.

MAVRICE.

Ie le sçay bien Phocas, & le remord caché
Dedans mon estomac, me monstre mon peché,
Ie cognois, mais trop tard, ie cognois mon offence,
Et d'heure en heure aussi, i'en attens la vengeance
Le iuge souuerain du lambris azuré,
A du plus haut du Ciel de ses yeux mesuré
Mon coupable forfaict, ma cruelle auarice,
Et t'a donné pouuoir d'en faire la iustice,
Dieu qui d'vn œil bening, regarde les pecheurs
Qui mouïllent repentis, leurs visages de pleurs,

,, *Afin que sans debats, sa iustice concorde*
,, *Auec les doux effects de sa misericorde,*
,, *Iustement faict punir les crimes icy bas,*
,, *Puis vse de clemence apres nostre trespas.*
,, *Et pour le tort qu'est faict à sa Maiesté haute*
,, *Il permet aux Tyrans de punir nostre faute.*

PHOCAS.

Ie puniré aussi les meschans comme toy,

MAVRICE.

Sans luy tu n'aurois pas la puissance sur moy.

PHOCAS.

,, *Dieu n'empesche iamais quand on punist le crime,*

MAVRICE.

,, *On ne punist tousiours quant punir on estime*
,, *Soubs ombre de punir l'ire & la cruauté,*
,, *Tache bien quelquefois la blanche Royauté.*

PHOCAS.

La cruauté vers toy, ne peut estre cruelle,

MAVRICE.

On exerce bien mieux la iustice sans elle.

PHOCAS.

Tu as esté cruel, aussi la cruauté
Doit estre le guerdon de ta desloyauté.

MAVRICE.

Apporte au grand forfaict, vne clemence grande

PHOCAS.

Le trespas des meschans est aux Dieu vne offrande.

F iiij

MAVRICE.

Pardonne pour le moins à ma femme, & mes fils,

PHOCAS.

Ie desire qu'ils soient le premier deconfis.

MAVRICE.

,, Le crime se punit , & non pas l'innocence,

PHOCAS.

Ils sont estans les fils coupables de l'offence.

CONSTANTINE.

Ah! Phocas ah ! pour Dieu que le fatal destin,
Qui met entre les mains le Royaume Latin,
Ne grosisse ton cœur, & n'enfle ton courage,
A deployer sur nous vne brutale rage,
,, Pardonner aux vaincus, est l'honneur du vaincœur
,, Et la douce bonté vaut mieux que la fureur,
Sois semblable au Lyon qui d'vne ame benigne
Quoy que le feu tousiours enflamme sa poitrine.
S'il voit son ennemy ietté deuant son pié
Il renferme son ire, & vse de pitié,
Si que le sang n'est pas le subiect de sa gloire,
Ains d'auoir seulement obtenu la victoire.

PHOCAS.

Ie veus en imitant les guerrieres vertus
Du Lyon, soubs mes pieds vous tenir abbatus
Espuisant vostre sang, pour apres le respandre
Aux tombeaux des meurtris, & humecter la cendre,
Qui encor maintenant soubs les terrestres lieux
Se plainct que tu iouys de la lampe des Cieux,
Implorant du Seigneur la vengeante iustice
Pour te faire donner ton merité supplice.

MAVRICE.

Ie ne pry' pas pour moy, non, non, ne pense pas,
Que ie vueille estre exempt du merité trespas
Pour ces tendres bourgeons, ie te fais ma priere
Qu'il ne soit le butin de ta lame meurtriere.

PHOCAS.

Le prudent iardinier qui d'vn soing mesnager
Veut oster ce qui nuit aux plantes du verger
N'arrache seulement la fueille qui se iette
Hors du sein de Ceres d'vne nombreuse teste,
Ains si quelque bourgeon, encor d'elle depend
Viuement il l'arrache aussi tost, & le prend
Affin que par le chaud sa racine flaitrie
Ne puisse puis apres iamais r'auoir la vie,
Et que le fruict, qui naist allaicté de l'humeur
Qu'aurore aux rouges-doigts verse dessus sa fleur
Croisse sans detourbier, & qu'il face paroistre
Apres vn meschant mort combien le bon peut craistre.

MAVRICE.

Arrache donc noz cœurs iardinier furieux
Dechire ces tendrons ↋ vrayes plantes des Cieux,
Et que la cruauté dans ton iardin semée
Soit du sang des enfans tiedement arrousée.

O Busire inhumain, loup affamé de chair
Tu porte au lieu d'vn cœur l'escaille d'vn rocher
De veoir deuant tes yeux ceste tourbe menüe,
Qui de gresles souspirs remplit toute la nüe
Sans te pouuoir fleschir, sans te pouuoir helas!
Tant soit peu destourner de son proche trespas.

F v

CONSTANTINE.

O mes chers nourriçons, ô ma foible esperance,
O iadis de mes maux la certaine allegeance,
Et maintenant helas! la cause de mes pleurs,
Et maintenant helas! cause de mes douleurs
Las! pourroy ie endurer que ces yeux ceste face,
Ce front d'yuoire plein d'innocence la place,
Ce visage pourprin, & ce corps tendrelet
Ces delicates mains plus blanches que le laict
Soient le ioüets des fers, & la sanglante ioye
Des cousteaux affamez d'vne nouuelle proye?
Ne le permettez pas pitoyable Phocas
Par le trosne estoillé, ne le permettez pas,
I'embrasse voz genoux ie mē met contre terre,
Voyez deuant vos pieds la fille de Tybere
Race de tant de Roys, tant de Princes guerriers,
Et de tant d'Empereurs voz braues deuanciers
Ne foulez pas aux pieds la Royalle semence,
Regardez (à mon dam) des astres l'inconstance
Qui fus fille de Roy, & maintenant qui suis
La serue de douleurs, la mere des ennuis
Las! vous auez peux veoir ma belle destinée
Quant la saison s'estant en serpent retournée
Pour m'amener le iour redoré d'vn Soleil
Qui ne monstra iamais au Ciel vn plus bel œil
Cestoit alors qu'ayant la couronne espousée
I'estois de tout le monde heureusement prisée
Fortune auec bon-heur marchoit à mon costé,
I'auois dessus le chef vn bel astre argenté

Le destin plus bening les honneurs, & la grace
Parmy les citoyens me faisoit faire place,
I'auois le sein remply de roses & d'œillets,
Et mes yeux resembloient deux astres iumelets
Qui ne sont à present que fontaines iumelles
Qui me baignent le seing de larmes eternelles
Le sort ma faict ainsi pour mes maux estancher
Comme une source d'eau la fille d'un rocher
Or maintenant Phocas que fortune prospere
Tu faict (nous dechassant) de nostre Empire Pere,
Pense que tu peus estre aussi bien comme nous
Miserable butin du celeste courrous,
Et que dessus ton chef se roulent les desastres
La fange plus espece, & la boüe des astres
Ainsi ne leue pas le sourcil pour te veoir
Assis Royallement dans un trosne d'yuoir
Cesar y fust assis, aussi fust bien, Pompée
Qui pourpra de son sang la riue Canopée,
Et tant d'autres vaillans qui sans veines sans os
Sont maintenant la bas despoüilles de Minos
Ou s'il y reste d'eux, ce n'est qu'une poussiere
D'un tombeau decharné la puante heritiere,
C'est le destin leger qui nous coupe noz ans,
Et nous faict resembler aux fueilles du Printemps,
Qui ieunes de saisons vertes sur larbre croissent
Puis l'Automne suiuant sur terre n'apparoissent
Que le iouet des vens, & l'infame l'ardeur
D'un iardin despoüillé de sa belle verdeur.
     Sois donc, sois donc Phocas à nos maux secourable
Qui bastis tes honneurs dessus l'incertain sable

Comme nous auons faict, & ne tache tes doits
Dans le sang innocent des enfans que tu vois,
Ainsi puisse tousiours ta Leonce Emperiere
Estre de beaux enfans feconde pepiniere,
Et iamais le destin n'espande son mal'heur
Sur la ieune beauté de ta Royalle fleur.

PHOCAS.

Ie ne veux pas nourrir dans ma Romaine terre,
Des ieunes serpenteaux pour me faire la guerre,
Leur donner en mon sein, la vitale chaleur
Pour puis apres armez d'vne masle valeur
Estans deuenus grands, & ayans les esselles,
Et le corps peinturez des marques de leurs aisles
Se guinder dans les Cieux, & plus-haut s'esleuer
Que moy qui n'aurois sceu leurs plumes arracher
Lors qu'il estoit saison, & que i'auois puissance
Desgorger de mes mains ceste mortelle engeance
Il faut des le berceau de mon regne, & estouffer
Ce germe serpentin pour ne plus m'offencer
,, Ainsi que fit Hercule:apres la beste morte
,, On ne redoute plus le venin qu'elle porte.

CONSTANTINE.

Las! Constantine helas! son cœur plein de rigueurs
Ne s'amortira point dedans l'eau de tes pleurs
Le marbre qui roidist sa brutalle poitrine
Surpasse en dureté la roche Caucasine.
O barbare inhumain plus dur, & plus felon,
Plus cruel mille fois qu'vn Scythe qu'vn Gelon
Herode comme toy n'eust l'ame si bourelle
Lors qu'il fist arracher les fils de la mamelle

Au murs Bethlemiens, & son rouge couteau
Qui du sang des enfans fit couler vn ruisseau
N'auoit, comme le tien, vne pointe si dure.
Car il n'estoit present à telle forfaicture,
Et le brusque Soldat de son chef debandé
Faict pire plus souuent qu'il ne luy est mandé,
Et toy tu ayme bien que ton ame meurtriere
Du sang des plus petits arrouse ta paupiere
Tu les vois deuant toy, & ce sont tes esbas
Que carnage, que sang, que meurtres, que trespas,
Il te faut donc saouler, sus beste sanguinaire
Voila deuant tes yeux les enfans, & la Mere
Guigne lequel tu veus faire passer premier
Par le fil eguisé de ta pointe d'acier
Tien mange leur le cœur, ou comme fist Atrée,
Fais en dedans vn plat la sanglante curée.

　　Or adieu mes enfans, mes chers enfans adieu
Adieu mon reconfort, tout mon bon heur adieu,
Adieu tout mon espoir, pourquoy voz larmelettes
Vont elle ainsi baignans voz ioües tendrelettes
Essuyez les, mignons, tenez vn braue port
Monstrez vostre constance aux assauts de la mort,
Et qu'vn cœur genereux aux tourmens indomptable
Ne demente iamais vostre race honorable.
Or sus courage enfans, courage baisez moy,
Et receuez l'accent de ma derniere voy
Chers mignons baisez moy, ça que ie vous embrasse,
Ne craignez point la mort aussi tost elle passe,
Et tousiours aussi bien le bateau de Charon
Nous doit faire passer le fleuue d'Acheron.

PHOCAS.

Ie tarde trop long temps, viste qu'on me le traîne,
Que tous ils soient menez sur la marine plaine,
Tirez, touchez, trainez, & mon inimitié
Ne reçoiue auiourd'huy tant soit peu de pitié,
Puis que ie suis cruel ie le veus du tout estre,
Qui se mesle d'vn art, il en doit estre maistre.

1. ENFANT.

Helas! ma Mere helas! 2. ENFANT. *Hé! mon*
Pere pour Dieu.

MAVRICE.

Courage mes enfans si du terrestre lieu
Vous ne regardez plus la torche iournaliere
Vous verrez du beau Ciel la plus belle lumiere.

PHOCAS.

Empoignez leur la gorge, & d'vn estroit lien
De voz doigt recourbez estreignez les si bien
Qu'ils ne me parlent plus sur le bord d'Amphytrite
Ie m'en va de ce pas payer leur demerite.

SCENE TROISIESME.

GERMAIN. MESSAGER.

GERMAIN.

Eluy qui voit sur l'eau les Dauphins se iouer
Qui voit sur les sillons les espics blondoyer,
Qui regarde au matin d'Aurore le visage
Empourprer tout le Ciel exempté de nuage,

Qui voit tout ieunement aux bacchiques iardins
Despoüillez de leurs fleurs vn amas de raisins
Ne sçait helas! ne sçait, si la brune soirée
Fera mettre au combat Aquilon, & Borée,
Ou si du Ciel noircy les craquetans drageons
Perdront des laboureurs les fertiles moissons
Ou si le Ciel couurant tout son front de tempeste
Sur le soir de Bacchus escrasera la teste
Rien n'est constant icy Maurice tu le vois
Pauure Prince à ton dam helas! tu l'apperçois
Qui n'aguere à ton gré, menois la destinée,
Mais maintenant helas! la chanse est bien tournée,
Tu és comme la rose, au matin son beau teinct
Embelit vn iardin le soir il est deteinct
Et sa couronne d'or, & sa fueille espanie
Foulée soubs les pieds n'est qu'vne herbe flaitrie
O destin inconstant, ô sort trop inhumain
Las! que nous voyons bien les effects de ta main
Ce sont là de tes ieux, ce sont de tes brauades
Destin ce sont tes tours, ce sont tes accolades.
    Or ie me suis encor garanty pour ce coup
Ie me suis eschapé de ton muable coup
Me rendant à Phocas qui ma pris en sa garde,
Et luy tendant les mains m'a mis en sauuegarde,
N'estimant pour cela deuoir estre repris,
De lasche trahison, ou bien auoit mespris,
Dautant que ie pensois porter plus dauantage
Estant en liberté que reduict en seruage,
„ Il faut auec le temps quelquefois s'escouler,
„ Et pour vn plus grand bien son mal dissimuler.

Mais qui est cestuy cy qui se baigne en ses larmes

MESSAGER.

Iamais le Ciel n'ouyt si piteuses alarmes,
Sans qu'il aye monstré à l'vne ou l'autre mort,
Qu'il couuoit dans son cœur quelque caché remord.

GERMAIN.

Il parle de Maurice, helas! que ie desire
D'entendre son yssuë, & son derniere martyre
Ah! pour Dieu Messager ie te pry dis le moy,

MESSAGER.

Las! ce seroit tousiours augmenter mon esmoy.

GERMAIN.

Vn malheur raconté allege la poitrine,

MESSAGER.

Il augmente plustost la douleur qui la mine.

GERMAIN.

Si le faut il sçauoir. MESSAG. ie le diré afin
Que vous sçachiez au moins sa pitoyable fin.
    Phocas auoit rangé sur le bord du riuage
Le Pere auec les fils pour en faire carnage,
Tout ainsi qu'vn pasteur disposant ses troupeaux
Met à part les moutons d'auecque les cheureaux,
Vne trouppe y accourt, qui en rond estalée
Imprime le sablon de la riue salée,
Soigneuse à regarder du Tyran le maintien
Le visage allumé qui ne respire rien,
Que tout ce que Pluton recele dans sa salle,
Encor n'est elle pas à sa poitrine esgale,
Le feu luy sort des yeux, comme quand Iuppiter
Entrouurant son palais nous monstre son esclair.

Puis roulant les boulets de son grondant tonnerre
Faict s'admirer aux Cieux, & craindre sur la terre,
L'air retentist des cris des enfançons menus,
Et l'onde de leurs pleurs enfle ses fols chenus,
La terre n'attend plus que son dernier partage,
Et le dernier butin d'une brutale rage.

    Ce pendant le Tyran rode tout à l'entour
De la Mere, & des filz, comme faict le Vaultour
Qui mesure les Ciel du compas de son aisle,
Et guette en ce faisant une proye nouuelle
De timides poulets qui craignans la fureur,
Et l'ongle carnacier, de ce volant voleur
Se cachent piolans soubs l'aisle de leur mere:
Mais le voleur pressé d'une faim sanguinaire
Se bronche tout à coup la teste dedans l'air,
Et vient fondre sur eux d'un abaissé voler
Accrochant rauisseur de la griffe mordante
Les petits aux deux yeux de la mere dolente.

    Le Tyran est ainsi qui ne peut plus patir
La vie des riuaux luy causer repentir,
Se dispose à leur mort, & à ses gens commande
Par leur fer emolu d'acourcir ceste bande,
Lisle tout le premier le met hors du fourreau
Les yeux sont esblouys au cler de ce couteau,
Et la pasle frayeur qui prouient de la crainte
De tous les assistans à les faces attainte:
Mais la Mere desia en son ame receut
Le coup de coutelas comme elle l'apperceust
Tant elle apprehendoit de ce fer l'etincelle,
Qui venoit faire aux siens une playe mortelle,

Elle va toutefois d'vn courage tremblant
Au deuant du Boureau pour sauuer son enfant:
Mais par le coup meurtrier de sa lame acerée
Il auoit du premier ensanglanté la prée.

GERMAIN.

O Dieu la cruauté MESSAG. *Il ne fut pas côtent*
De voir ainsi couler le sang d'vn innocent.
Mais comme le meurtrier qui de sa traistre lame
N'a nul encor porté dans la funebre lame,
Ne sçait du premier coup son iauelot darder,
Et tremblant n'ose pas le meurtre hazarder,
Que s'il à d'vn passant enfoncé la poitrine,
Il ne crainct plus des Cieux la puissance diuine,
Le meurtre luy est ieu, & sa barbare main
Ne voudroit se lauer que dans le sang humain,
Il le boit tout ainsi que l'eau d'vne fontaine,
Rien que de cruauté sa poitrine n'est pleine.

    Le Tyran tout de mesme au premier meurtre estoit
Estonné quelque peu du sang qui ruisseloit:
Mais le crime commis, il deuoila sa rage,
Et de cinq autres fils fist faire le carnage,
,, Le propre du peché est comme la chaisnon,
,, Qui de ses bras de fer serre son compagnon
,, Le compagnon vn autre, & ainsi ceste chaisne
,, Lie lame, & le corps en l'infernale gesne.
    La miserable Mere apperceuant ses fils,
Par le fer impiteux si soudain deconfis
Fut de mesme qu'on voit, vne Mere emplumeé,
De qui le fier serpent à tué la nichée

Sur l'obscur d'vn ormeau, & du mesme berceau
Des ieunes oysillons en à faict le tombeau,
Elle n'apperceuant que des plumes errantes,
Sans ordre dans son nid, & les traces sanglantes
De son sang espandu, emplit l'air de jouspirs,
Et conte incessamment sa douleur aux Zephyrs
Las! disoit la Princesse helas! race piteuse
Non plus ma race helas! mais bien masse saigneuse
Despoüille des couteaux, & subiects de mes pleurs
Sont-ce la les beautez, sont-ce la les honneurs,
Que i'esperois de vous, ô fortune cruelle
Des long temps tu mourdis ceste trame mortelle,
Mais le Pere en constance estoit plus qu'vn rocher,
Et tousiours auoit l'œil attaché dedans l'er
A chaque mort disant, ah! Seigneur pitoyable
I'apperçois maintenant ton dire veritable,
Seigneur que tu és iuste, & qu'on dict à bon droict
Que ton sainct iugement est equitable & droict,
Le plus petit restoit le soulas de la Mere,
Que le Tyran vouloit faire broncher à terre:
Mais sa nourrice aymée ayant dedans le cœur
Pour son cher nourriçon vne extreme douleur,
Et nourrie despoir, qu'vn iour ce rameau tendre
Croissant pourroit ses bras sur le Tyran estendre
Supposa son enfant soubs le trenchant meurtrier
Desirant qu'on le fit de la mort heritier,
Pour sauuer son mignon, monstrant en ce supplice,
Estre Mere cruelle, & clemente nourrice,
Maurice l'apperçeut qui de cela le faict,
Et dict qu'il ne vouloit pour lauer son forfaict

Autre sang que le sien, ainsi sa geniture
Fust par luy mesme offerte au glaiue pour pasture
Le sang n'osa tacher le col de l'innocent·
Ains vn fleuue de laict des veines decoulant,
Alla ioindre ses flots à la terre empourprée
Tout ainsi qu'au matin la celeste rosée
Emporte le beau teinct d'vne blanche liqueur
De la rose escarlate, & se met sur sa fleur,
Tout le peuple estonné se plombe la poictrine
L'vn tire ses cheueux , & l'autre se mutine,
Luy entendant le bruict faict le signe du chef,
Que l'on donne à Maurice vn semblable meschef,
Et aussi tost du col sa teste est enuolée,
Et la rouge couleur à la blanche meslée
Le corps tresbuche en bas comme vn grand tronc sié,
Qu'au bois le bucheron à couppé par le pié
La teste d'autre part à rouges bonds sautelle
Tant que son œil fust clos d'vne nuict eternelle,
Ce fust lors que le peuple à l'entour du Tyran
Sourdement murmuroit, comme quand vn passant
Trop curieux de voir les ruches encirées
Et les tannes palais des auettes dorées
S'approche de leurs toicts, & leue la maison,
Elles tout aussi tost d'vn poignant escadron
S'en viennent murmurer à l'entour de sa teste,
Et de leur musse armé luy darde vne sagette.

GERM·AIN.

Las! helas pauure Prince helas! tu és donc mort,
Et moy ie vis encor sans aucun reconfort,

Helas! ie t'ay trahy, c'est ce qui me moleste,
Et n'ay peu endurer le peril de ma teste
Comme toy courageux, & peut estre aussi bien,
Bien tost il m'ostera le flambeau delien
Portant le deshonneur dessoubs la tembe noire:
Que ie mè suis rangé du costé de victoire,
Mais pour Dieu Messager poursuis à raconter
Si la femme à Maurice à passé par le fer.

MESSAGER.

Elle le voudroit bien la miserable Dame,
Car viuante, la mort luy decoupe son ame
Ie l'ay veu, ie l'ay vencent & cent fois mourir
De la mort qui prouient d'vn regreteux souspir
Quand elle vist les corps ensanglanter la terre,
Et qu'elle n'estoit plus ny espouse, ny Mere,
Encor ce luy estoit quelque peu de confort
D'arrouser de ses pleurs le reste de la mort,
Mais Phocas luy ostant tout le fruict de ses larmes
La mis entre les mains de cinq ou six gendarmes,
Pour la faire mourir, qui luy ont pour maison,
Et pour palais Royal donné vne prison
La ou elle lamente auecque les tenebres
En attendant la mort, ses encombres funebres,
Et luy semble tousiours qu'elle voit ses enfans,
Et son mary noyé dans des fleuues de sangs
Aussi leurs corps meurtris sans digne sepulture
Ie pense qu'ils seront des poissons la pasture:
Car ils sont mesurant la riue de la mer
Le peuple qui le voit n'ose s'en approcher.

Pour empoudrer leur sein d'areneuse poussiere,
Il ny à que les flots de l'onde mariniere,
Qui vont lechant les corps plus doux que le meurtrier,
Et luy font par pitié c'est office dernier,
Le Tyran ne se peut souler de voir les faces
Du Pere, & des enfans maschant mille menaces
Encontre leur fauteurs, & iure qu'il fera
Ruisseler, tant de sang que l'on en parlera
Aux siecles aduenir, & la race future
Dira que Phocas sçeut bien payer vne iniure.

GERMAIN.

Va Tigre, va iouyr de ta desloyauté,
Passe tes deuanciers en toute cruauté,
Que le sang soit ton vin, ton manger le carnage,
Et ne respire rien qui ne sente la rage,
Sois ainsi qu'vn Lyon, ou qu'vn dogue mastin,
Qui voit sur les guerets vn carnacier butin
Fraichement despoüillé, approche de la beste
Odore son repas, puis abaissant la teste
Attache viuement la dent dessus sa chair
Ne cessant de tirer, mordre, coupper, hacher,
Les nerfs, les os, la chair, à secousses mordantes
Remplissant vilement ses entrailles puantes,
On luy voit sur le nez tout le sang decouler,
Qui coule pressuré de la tremblante chair,
Vn autre chien apres va donner mesme attaincte,
Voyant que cestuy cy à la machoire teinte,
Mais les Chiens, les Lyons, les Tigres vagabonds
Ne sont en cruauté comme toy si felons.

Tu pense que cest faict, & que la destinée
Ne verra plus iamais qu'vne heureuse iournée,
Et que tous tes souhaits maintenant accomplis
T'empliront tout le sein de roses. & de lys,
Non comme au parauant d'vne mordante espine,
Qui iusque au sang piquoit ta bourrelle poitrine:
Mais tu te trompe bien, car tousiours le destin
Menace les meschans d'vne mauuaise fin.

Or adieu ie m'en va dedans quelque cauerne,
Hostesse de la nuict, voisine de l'auerne,
Pour y pleurer ces maux, & penser que tousiours,
,, Icy bas le malheur nous enfiele noz iours.

F I N.

domini.

Jesu Christe, eterna dulcedo te
amatium, Jubilum excedens
oe gaudium, Spe desiderium ampli[us]
salus, et amator peccatorum,
qui delitias tuas testantur
esse esse cum filiis hominum,
propter hominum homo factus in
fine temporum, memento
oium preiudiciorum tuorum
memoris quicum [...] tuo
corpore susti[nere]
salubriume passionis hic
tempore in ecclesia tua de [...]
preordinat[ur] mea [...] tristicia
et amaritudinum quam in
[...] te ipso testante habuisti
quando in ultima cena tua
[...] hac tua corpus et sanguinem
tuum tradidisti peccatorum
[...] et saluatore eos collocando
[...] passionis [...]
[...]